时光是

长岁月的千纸鹤

美文精品集萃丛书·时光不老系列

《中学生博览》杂志社 选编

时代文艺出版社

图书在版编目（CIP）数据

时光是成长岁月的千纸鹤 / 《中学生博览》杂志社
选编. -- 长春：时代文艺出版社，2021.6
　（青春美文精品集萃丛书. 时光不老系列）
　ISBN 978-7-5387-6643-1

　Ⅰ.①时⋯ Ⅱ.①中⋯ Ⅲ.①作文－中小学－选集
Ⅳ.①H194.5

　中国版本图书馆CIP数据核字(2021)第068025号

时光是成长岁月的千纸鹤
SHIGUANG SHI CHENGZHANG SUIYUE DE QIANZHIHE

《中学生博览》杂志社　选编

出 品 人：陈　琛
责任编辑：王　峰
装帧设计：任　奕
排版制作：隋淑凤

出版发行：时代文艺出版社
地　　址：长春市福祉大路5788号　龙腾国际大厦A座15层　（130118）
电　　话：0431-81629751（总编办）　　0431-81629755（发行部）
网　　址：weibo.com/tlapress（官方微博）　　sdwycbsgf.tmall.com（天猫旗舰店）
开　　本：880mm×1230mm　1/32
字　　数：135千字
印　　张：7
印　　刷：三河市嵩川印刷有限公司
版　　次：2021年6月第1版
印　　次：2021年6月第1次印刷
定　　价：36.00元

图书如有印装错误　请寄回印厂调换

编 委 会

Contents
目 录

时光是成长岁月的千纸鹤

青春的故事不悲伤

余生很长，何必慌张

两颗青梅没竹马

两颗青梅没竹马

zzy 阿狸

1

茉莉和安安的革命友谊自打娘胎就建立了。指腹为婚这种事不符合时代潮流，两位妈妈也不喜欢这一套，当然前提条件也不符合，因为生下来才发现两个都是女娃。买卖不成仁义在，凑合着当一对姐妹花还是可以的。

张妈妈要上班没空儿管孩子，就把茉莉搁陈妈妈屋里，反之也成立，吃的喝的都共享，周末一起带着她们去遛弯儿。两个女娃娃连一句基本的你好的开场白都没有就已经变得亲密无间没有隐私可言，连对方身上的痣在哪儿都一清二楚。

念幼儿园的时候，茉莉喜欢看《黑猫警长》，而安安喜欢看《樱桃小丸子》。安安看多了才发现，自己的生活里缺少了竹马，只有两颗青梅的日子让她开始期待竹马的降临。

　　大院里搬进了一家住户，刚好有一个年龄和她相仿的小男孩儿，安安心里那叫一个激动啊，在家里把自己打扮得花枝招展的，特意在小男孩儿的家门口来回踱步，小男孩儿似乎感受到了她的热情，高高兴兴地和她一起握握手做了朋友。

　　后来那几天安安都没有理茉莉，她迫切需要过上一种全新的生活。茉莉心里不太舒服，说好的革命友谊怎么不算数了？某一天在茉莉目睹小男孩儿偷家里的钱去打游戏的恶劣事件后，她勇士般地领着安安去游戏厅把小男孩儿逮了个正着，安安那颗刚刚萌动的少女心噼里啪啦地碎了一地。

　　竹马不靠谱，还是两颗青梅凑合着过吧。

2

　　小学一年级两朵姐妹花不同班，开始了各自不同的轨迹，但不怎么影响俩人的革命友谊。下课后一起上厕所，漂亮的发夹两个人换着戴。可能是在一起玩得多的原因，安安和茉莉长得挺像，还都扎着小辫子高高兴兴地去上学，放学一起相伴回家。但性格上就差远了。安安从一年级开始就被老师挑中当上了班长，然后一路高歌连任了六年；而茉莉外号"张大爷"，小学无人不识，几番进出校长室。俩人的差异可见一斑。

四年级开始，茉莉厌倦了橡皮筋、跳格子这类活动，领着几个小男孩儿各拿一把弹弓去找安安，邀请她一块去玩弹弓。安安一开始是拒绝的，但无奈这院里只有她俩女生，没有小姑娘陪她玩，只能穿着花裙子去公园里玩弹弓。

第一天跟着茉莉上树掏鸟窝，安安就把裙子给弄破了，这可把陈妈妈气坏了，女孩子家怎么能玩弹弓爬树掏鸟窝呢？她不想让安安和茉莉一块玩儿了，但碍于和张妈妈的关系，不好直说，于是买了一台电子琴，每天回家后督促安安练琴。

安安有点儿不开心，觉得自己丧失自由是茉莉直接导致的。从那以后，俩人的革命友谊啪的一声出现了裂缝。

安安的琴越练越好，每个周末都往少年宫里钻。茉莉的架也打得越来越厉害，附近几个大院的小学生都尊称她为"张大爷"。

小学毕业的时候，小光头在茉莉的同学录后写道：张大爷，你怎么对得起茉莉这个名字啊！

3

茉莉虽然小学爱打闹不怎么学习，但关键时刻不掉链子，还是挺争气地考上了一所重点中学，张妈妈苦心教导她不能再随便撒野，要好好学习。茉莉也深刻检讨自己，好好上课，争当三好学生。张妈妈还拎着一袋水果领着茉莉去了安安家里，让安安有空儿就辅导一下茉莉，安安心里有点儿不愿意，但陈妈妈已经笑着答应下来，她也不好说什么。

复习生物的时候，安安问茉莉："养鱼时在鱼缸的底部种上水草主要是为了什么？"茉莉咬着笔想了很久："为了好看吧？"连茉莉家鱼缸里的水草都远距离鄙视茉莉。

可是有句话叫作江山易改本性难移。

初二的时候，茉莉慢慢地和班里的男生打成一片，把头发剪短后，一样的干净利落，不穿花裙子的人生也没有多少遗憾。那段时间茉莉每天总是很迟才来，有一天安安无聊瞄一眼窗外——好家伙，茉莉正抱着篮球大汗淋漓地往家的方向跑。

安安生气地把准备好的课堂笔记本啪的一声合上。后来几天茉莉都乖乖地来安安的家里，但安安关上门不愿见她，两人的友谊再次发出咔嚓的断裂声。

初三的时候安安情窦再开，喜欢上了隔壁班一个挺好看的男生黎开。体育课是两个班一块儿上的，场地有限，人数太多，而且女生都不怎么爱体育课，每节体育课老师都能收到一大沓的请假条。但安安却无比期待体育课，球类运动她都不会，她只会找个乘凉的好地儿，戴上眼镜装作东张西望，其实视线从没离开正在打篮球的黎开。

她也想满腔热血地向黎开表白，但正值青春期的她满脸痘痘，皮肤不白，身材也有点儿微胖，这都让安安的这份喜欢变得无比卑微。

好事的女生梁小巧发现了这个小秘密后，在班里迅速传播开来，枯燥的学习生活让学生迫切需要新鲜刺激的事物，于是一天都不到的工夫，整个班里已经传得沸沸扬扬，甚至隔壁班都知道了。安安像是被抓捕的小偷一样惊慌得不知该怎么面对，在即将中考这个节骨眼儿她还请了几天假躲在家里哭。

几天后，她胆怯地回到学校，却无人再议论此事。数学课上梁小巧传了一张小纸条给安安："安安，对不起，我不应该说你的闲话。"辗转才知道，原来安安请假的几天，茉莉泼妇骂街似的骂了梁小巧一顿，还差点儿闹到德育处。

安安的心里突然柔软得像一片海。

那几天刚好月考，安安依然名列前茅，但茉莉却在年级中下段徘徊。那天放学后，安安邀请茉莉到家里给她补习，那天的辅导安安讲得很用心，茉莉倒是一直胆战心惊。最后天色晚了，茉莉怯怯地收拾东西要走，安安突然拉着茉莉的手，红着脸喊了一句："谢谢你，茉莉！"

茉莉差点儿没被吓死。

那种一块儿上下学的时光又回来了。

不过一头帅气男生发型的茉莉好几次被误认为是安安的男朋友，茉莉怒吼："我已经在发育了好不好！"安安在一旁哭笑不得。

4

中考过后，安安考上了最好的S中，而茉莉托了安安的福，总算逃脱了读技校的命运，考上了一所还不算差的T中。两所中学离得蛮远，再也不能一块儿上学了。

命运这双大手开始眷顾安安，痘痘慢慢消失，可能因为学习上需要费心，体重竟然开始往下掉，变得越来越好看。她开始穿碎花裙子，把头发随意地往后一束，干净清爽的小马尾，漂亮的成绩，好看的模样，让她迅速成为班里的一颗小星星。而茉莉还一直在被误认为男生的坑里不能自拔，一脸问天状："命运啊，你的大手啊，什么时候摸一摸我啊？"

命运的大手并没有眷顾茉莉。

高二下学期，家里出了变故。嗜赌如命的张爸爸几乎要把家产败光，张妈妈受不了这样的生活，单方面去法院起诉离婚，一个人搬回了茉莉的外婆家。那段时间假小子茉莉每天接近崩溃，能打能踢的她不知道该怎么面对这个破败的家，每天放学后一个人跑去市图书馆自习。

而安安正在准备全国数学竞赛，这个倾注了她很多心血的比赛关乎着高考，她和茉莉说起这个比赛的时候，眼里仿佛也放出光芒。

在一个个被孤独吞噬了灵魂的夜里茉莉只能想到她，却不敢打扰，抱着被子辗转难眠。

张爸爸把家里的财物几乎变卖光了，还不够偿还他的债务。临近期末考试的一天，茉莉回到家后，还没来得及叫一声爸，一向拳棍相向的他扑通一声跪下来，哭着支支吾吾地说："茉莉啊，爸对不起啊！爸在外面欠了好多债，我把能借的钱都借了还不能还清……所以，你能不能不要再念书了……"

张爸爸还没说完，茉莉颤抖着说："我知道你想说什么，爸。"说完，茉莉像丢了魂似的走进卧室，书包里好不容易向老师借来的期末复习资料犹如千斤重，压得她快透不过气来。

茉莉去了邻市的工厂打工，大院里很快传遍了这件事，而安安却一直不知情。期末考后安安在家准备几天后的全国竞赛，陈妈妈送她去考场的时候突然说起："哎，你的小姐妹茉莉去X市的一间制衣厂打工了，X市出了名的乱，真不知道她以后怎么过。听说是为了给她爸还赌债呢，这孩子命真苦。"安安听到后眼泪突然流了下来，脑子里一片空白。待妈妈走后，她果断截了一辆出租车赶往汽车站，坐上一辆破烂的大客车匆匆赶往那座小城。

那么多背得滚瓜烂熟的公式定理被抛在脑后，那么多人渴望而求的竞赛机会她放弃了，整个脑子都被那个瘦小的茉莉填满。

那是安安第一次来到这座陌生的小城。

她像一只嗅觉失灵的狗疯狂打听制衣厂的位置，找到第二间的时候终于找到了茉莉。往日虽然瘦小但威风凛凛的茉莉此刻戴着灰黄的口罩，穿着不合身的工作服，淹没在一模一样的打工妹群中。但穿过人群，安安也能认得出茉莉那种让人心寒的眼神，绝望得快要窒息。

安安像领着一个无家可归的孤儿一样带茉莉办理了辞职手续，一言不发地带她离开了那座小城。安安先让茉莉住她那儿，以后再作打算。回到家后已是傍晚，陈妈妈看到茉莉很惊讶，但也不好说什么，只是客气地聊了几句。

吃晚饭的时候陈妈妈问安安考得怎样，安安装作云淡风轻地说："考砸啦，不过没关系的，不就是一场考试嘛。"

茉莉瞬间明白过来。

那天晚上她俩挤在一张小小的床上，茉莉卸下了所有的盔甲，像一只受伤的刺猬那样哭着对安安说对不起。那是安安第一次看到能武不能文的茉莉哭，哭得梨花带雨。

安安笑着说："这没关系啦，我的本事大了去，一场考试没关系的。明天我带你去找兼职，反正我这个暑假也没事儿干，和你一块儿做兼职吧，然后挣来的钱呢一部分拿来缴高三的费用，一部分还……"

话还没说完，茉莉又哭着说："谢谢你啊安安。"

"我还没说完呢，"安安哭笑不得，"我那部分工资就当我借你的，你这家伙以后得连本带息还给我！"

5

高三那年的时光就好像风翻动的书页一样，哗啦啦地一下子翻到了尽头。

安安虽然没有竞赛的加分，但好的底子让她在高考中正常发挥，考上了南方的一所高校。而"张大爷"呢，关键时候再次没有掉链子，刚上重本线，但她没想过要和安安一起去南方念书，因为她心里向往的是北方的凛冽、北方的草原。

那天即将启程坐上奔往各自城市的火车前，茉莉抱着安安，抱了很久也不肯松手，直到广播语音提醒请抓紧时间检票入站。安安潇洒地朝茉莉一挥手，连一句简简单单的再见都没有说，就好像当初连一句你好都不曾说过那样，两个人草草地分隔两地。

距离始终是问题，她们有了各自的生活圈，只是偶尔假期的时候会见面寒暄，往日的情愫被埋藏，谁都没再提起那段难忘的岁月。

大二的时候情窦三开的安安被男朋友甩了，一个人在出租屋里哭得呼天抢地。室友全都回家过年了，能想到的人只有茉莉。半夜三点，她拨通了那个许久没联系过的号码，电话那头茉莉迷迷糊糊地说了句："嗯？怎么了？"安安的眼泪忽然止不住地流，那天晚上她告诉茉莉她失恋了。

中午十二点左右，茉莉风风火火地赶到了出租屋，给安安煮饭洗衣打扫卫生。那段时间茉莉不怎么安慰安安，因为道理安安都懂，说多了只会招人讨厌。何况安安只是想难过一会儿。

一切好像都回到了那段只有两颗青梅没有竹马的时光，两个小姑娘共同抵御这个世界的狂风暴雨。

伤口总会愈合，高烧总会退去，最难熬的岁月最后总会熬成一碗味浓鲜美的汤。

不久后"张大爷"生日，两个人买了一个小蛋糕在出租屋里庆祝。安安突然深情地问："茉莉啊，你为什么一直对我这么好？"

"谁让我们小的时候只有青梅没有竹马，那我肯定要负责到底对不对？等你变成了红梅，找到了你那匹骏马，我想我才可以全身而退吧。"茉莉歪着头想了很久。

"记得说话算数！"安安眼眶湿了，"那我祝命运这双大手赶紧地眷顾张大爷你吧！"

时光开始倒流，回到那个互相熟悉得连对方身上的痣在哪儿都一清二楚的小时候。其实何必说一句你好呢，因为第一眼我就知道你是我久别重逢、相见恨晚的老友。

命运这双大手最后到底有没有眷顾茉莉，茉莉这些年一直在质疑，一直在寻找答案。

这一刻她终于能够笑着回答"是"了。

最好的眷顾是命运给了她另一颗青梅。

一颗会陪着她一起慢慢变红的青梅。

顾小良不是灰姑娘

爱笛声

每个人都是从石头里蹦出来的

顾小良六岁生日那天，妈妈给她买了一个小蛋糕作为生日礼物。蛋糕只有手掌那么大，顾小良却乐开了怀。她舍不得咬一口，捧着这个蛋糕四处奔跑，向院里的每一个小朋友都炫耀一遍。到了毛丫丫家的时候，顾小良神气地把蛋糕放在她眼前来回晃荡，"这是我妈妈给我买的蛋糕，上面还有一颗樱桃呢。"

没想到毛丫丫却捂着小嘴咯咯地笑了起来，"顾小良，你这蛋糕也太小了吧？我生日的时候，我爸爸妈妈给我买的蛋糕可比这个大上一百倍呢。"毛丫丫把"一百倍"拉得很长很长，搞得顾小良本来还很高兴的心情瞬间

两颗青梅没竹马

化成泡沫。在她转身要走的时候，毛丫丫凑到她耳边说：
"我妈妈偷偷和我说，你不是你妈妈亲生的，所以你妈妈才会让你穿表姐家的旧衣服，就连过生日也舍不得给你买个大蛋糕。"

顾小良急匆匆地跑回家，她拉着妈妈的手问，"妈妈，我要问你一个问题。"妈妈正忙着炒菜，并没有回应她。顾小良急了，两手叉腰，气汹汹地说，"罗瑶，我现在要问你一个严肃的问题，你必须老实回答。毛丫丫说我不是你的亲生女儿，这到底是不是真的？"

罗瑶的手突然顿了一下，随即转头看着顾小良，认真地说："你确实不是我生出来的啊。"然后她又"扑哧"一声笑开，"你傻瓜啊，我不是告诉过你吗，每个人都是从石头里蹦出来的，从石头里出来之后见到的第一个人，就是你的妈妈。六年前我在家门口看到一块石头，长得奇形怪状的，你爸爸说也许是古代留下来的值钱的石头，于是我们就把它带回了家。没想到的是，里面竟然装着一只胖娃娃。你爸爸说这是天大的缘分，所以我们就把你留了下来，我就这样成了你妈妈。"

顾小良就这样稀里糊涂地相信了。她想，既然每个人都是从石头里蹦出来的，那她摊上罗瑶也是命中注定且无可奈何的事了，谁让她那么不走运，睁开眼见到的第一个人是罗瑶呢？

她只不过是给姥爷磕了三个头

青春期之后，顾小良敏感细腻了许多。她觉得，罗瑶其实并没有那么爱她。

她的爸爸是个审计员，一年有两百多天是在外地出差的，所以大半时间都是罗瑶和她两人生活在一起。罗瑶开了家奶茶店，每天悠闲地上班，煮煮奶茶，听听歌，再和店里的顾客聊聊天，小日子过得自由逍遥。而且罗瑶温柔美丽、举止优雅，穿着一身棉麻素裙往店门口一站，就常常会有人飘来一句："老板娘可真美啊。"而她也成为一些人茶余饭后的无聊谈资，比如顾小良就听到过院里几个大婶坐在大树下议论，"你说这罗瑶长得这么标致，她女儿怎么就长成那样？她也是的，什么好看的都往自己身上整，自己女儿穿得忒寒酸。"

顾小良低头看看自己穿的那身衣服，不由得叹了一口气。上衣是大她三岁的表姐给的，虽然不破不烂，但毕竟不是新衣服，款式早已经过了时。裤子，也已经穿了两年多，裤腿边的线都脱了出来，她每隔一段时间都要拿剪刀修一下。就是那鞋子，也是爸爸在外地给买的，求了罗瑶许久，她都不肯给她买一双新鞋。顾小良又叹了口气，她可真羡慕别人的妈妈。

顾小良的寒假连带着新年都是在姥姥家过的。因为爸

两颗青梅没竹马

《《《

爸过年也在外地出差，爷爷奶奶在叔叔家过年，姥姥只有罗瑶这么一个女儿，所以几乎每一年的寒假，罗瑶总会带上她到姥姥家住上一段时间。但顾小良却不喜欢姥姥，在她的记忆里，这个老人从来没有对她笑过，也从不和她有任何亲昵的举动，她总是不咸不淡地招呼她，像对待一个关系疏远的客人。

但姥姥对待罗瑶是极好的。只要姥姥在，她从不允许罗瑶进厨房，每日三餐，罗瑶想吃什么，她都清楚地在日历本上记着，然后一个人快乐地骑着车到镇上买菜，回来时还不忘了给罗瑶买几根冰糖葫芦，因为那是罗瑶以前最爱吃的。三十几岁的罗瑶只要到了姥姥身边，就变成了十三四岁的少女，被人宠着、爱着，十指都不沾阳春水。反观顾小良呢？因为知道自己不讨姥姥喜欢，所以她总是很识趣地一大早就出门，有时在镇上的书摊里看书，有时跑去和小她七八岁的小孩儿玩泥巴，有时在河边一个人发呆一整天。等到她回家的时候，已经是吃晚饭的点儿了。她默默地低头扒完一碗饭，就躲进了房间。她总是扳着手指数，寒假到底还有多少天才能结束呢？她可一点儿都不想要待在这里了。

但是寒假还没结束，她就做了一件错事，惹得姥姥大发雷霆。姥姥家的客厅里，供奉着姥爷的遗像，每逢初一、十五，姥姥和罗瑶总要行祭拜礼，可从没有一次叫上顾小良。顾小良其实也很怀念姥爷，因为相比于姥姥，姥爷对她算是不错的，可惜在她八岁的时候，姥爷就去世了。于是在一个十五的清晨，趁着姥姥和罗瑶还没起床，顾小良蹑手蹑脚地走到客厅，跪在姥爷遗像前，双手合十，嘴里念念叨叨着一些"姥爷你在天上好好的，我会好好学习"之类的话，然后再毕恭毕敬地磕上三个响头。等她站起来，准备偷偷溜回房间的时候听到身后传来一句，"你在干什么？！"

顾小良还怔在原地，姥姥却冲过来一把把她推开。她耳边只回荡着姥姥的一句，"我老罗家的先辈，只有罗家的子孙才可以祭拜。"

她犹豫着开口，"姥姥，我不也是姥爷的外孙么……"姥姥姥爷只有罗瑶一个女儿，她又是罗瑶唯一的女儿，那她自然就是罗家的子孙，那为什么她不能拜拜姥爷呢？姥姥怎么能说出这种话呢？

"你不是。你姓顾，你也不是我们罗瑶生的孩子，不能拜。"姥姥的声音很小，像是在碎碎念，顾小良却轻易捕捉到了重点。

她不是罗瑶生的。

她已经不是六岁的顾小良，当然不会再去相信她是从石头里蹦出来的童话故事了，这么多年来，她也曾从几个人的嘴里隐隐约约地捕捉到一些信息，但她始终不敢确认。如今，真相从姥姥嘴里说出来，她也不得不相信了。

那天早上，姥姥和罗瑶发生了很大的一场争吵。罗瑶

两颗青梅没竹马

大声地质问"你为什么要告诉她，她才十五岁，还没有成年……"和姥姥"我为什么不能告诉她，这就是事实，她应该知道！"的声音夹杂在一起，此起彼伏，顾小良受不了了，她冲出家门，在小河边又待了整整一天。

十五岁的顾小良很担心，这层窗户纸捅破之后，罗瑶对她就不如从前了。虽然从小到大，罗瑶待她并不像别的妈妈那么体贴入微，但也从未打骂过她，她还是算得上是一位及格的母亲的。那以后呢？

顾小良祈祷，希望自己不要变成童话故事里的灰姑娘，因为相比于王子和玻璃鞋，她更喜欢罗瑶。

像个孩子一样抱膝痛哭

顾小良和罗瑶的关系自那以后也并无多大改变。罗瑶活得很随性，她告诉顾小良："你知道的都是事实，如果你能接受我这个妈妈，你就继续当我女儿。如果你不接受，那我就离开，你自己选择吧。"末了，她又加一句，"你也知道，你爸这工作一年回不了几次家的，你如果跟着他，基本上就不可能有稳定的生活，衣服鞋子自己洗，家长会没人开，偶尔想吃个糖醋排骨了，还得上饭店。"

顾小良被她的最后一句话治得死死的。她匆忙转移话题，"妈，我们今晚吃什么啊，香菇炒肉可以吗？爸爸是不是下个月回来，让他给我买个背包吧，我们班学期末组织去郊游。"

毫无意外地，在她转身时，看到了罗瑶一副眉开眼笑的样子。

顾小良自认是个平凡的女孩儿，但上了高中之后，竟也有男生开始追求她。这男生是班上的学习委员，学习好，体育也好，算是很多女生的崇拜对象。顾小良也不知道男生为什么会看上她，却莫名觉得又紧张又有点喜悦。男生会在周六周日时打电话到家里来，假装和她讨论几道数学题，然后再约她出来打球、看电影，久而久之，他们也就熟了起来，两个人一聊电话能聊半个多小时。开始的时候，男生会在自修课结束后尾行着顾小良回家，等到两个人熟悉了，就并骑着自行车，男生把顾小良送到家了，再骑车回家。青春期的爱情萌芽，总是毫无章法可循，心惊胆战，却又甜蜜似糖。

在一个平常的夜晚，两个人道别后男生紧紧抓住了顾小良的手，说他喜欢她。顾小良一时间有点乱，都已经忘了怎么做出反应。

罗瑶却在此时冒了出来。她穿着一身长裙，女皇般地站在男生面前，"我是顾小良的妈妈……"

只是一句话，男生竟然慌忙骑上车逃走，连"再见"都没和顾小良说。

顾小良看着罗瑶，再看看离她不远处的自行车，问，"你跟踪我？"

炎热的夏日里连空气都变得炙热，罗瑶有点儿不耐烦地开口，"你一个人晚上回家，我担心你害怕，就想陪着你。没想到你已经有人陪了，所以……"

"你真是会找借口！"顾小良激动起来，"你们这种家长，就喜欢窥探人的隐私，就是想监督孩子的整个人生，还总找冠冕堂皇的借口。"

"如果我亲妈还在，她肯定不会这样对我！"顾小良哭着跑开，眼泪落在脸上，热辣辣地疼。她不知道的是，罗瑶在听完这句话之后，猛地蹲了下来，像个孩子一样抱膝痛哭。

那天晚上，顾小良辗转反侧，却怎么也睡不着。她有点儿为自己的言语自责，她怎么可以对罗瑶说出这样的话呢？她心里明明不是这样想的。

还有那个男生，他怎么能在看到罗瑶的那一刻就急速地甩开她的手，头也不回地逃开了呢？她心里真是满满的失望。

她要告诉罗瑶，她爱她

第二天中午回家，顾小良并没有看到罗瑶。饭桌上摆着做好的饭菜，茶几上放着一本打开了的相册，在相册的旁边，放着一封信。

这是罗瑶第一次给顾小良写信。在拆开信的那一刻，顾小良的手竟然紧张得发抖。罗瑶会不会像电视剧里演的一样，在留下一封信之后就消失得无影无踪，任她怎么懊悔，怎么努力也寻找不回来？

罗瑶在信里是这么说的：

　　小良，昨晚我一夜没睡，相信你也和我一样。我知道你是个敏感善良的孩子，所以昨晚你对我说完那句话之后，你也会感到难过和愧疚。但我比你更难过。

　　你不是我亲生的孩子，你妈妈在你一岁半的时候就因病离世了。我无法向你描述你妈妈的样子，因为我对她一无所知。你说得没错，如果你妈妈还在，也许她会对你很好，比我好上万倍，比我温柔万分。可是，真的没有如果。

　　我和你爸爸曾经有过一个孩子，因为流产，她没能来到这个世上。我常常在想，如果她顺利出生，如果她快乐成长，她现在该是怎样的模样？可是我不能想，因为时光不能倒流，生活也没有如果。你四岁半的时候，因为一直照顾你的奶奶病倒了，于是你爸爸把你接回了家里。他本来很担心我会不喜欢你，可是见你第一面，你就向我飞扑过来，叫我妈妈。你奶奶一直向你编造一个谎言，她告诉你，你的妈妈一直在工作，等工作完了就会来陪你。你看到我的时候，理所当然地把我当成了你的妈妈。出于对你爸爸的爱，出于没能成为一个母亲的一份遗憾，我留下了你，真正地成为你的妈妈。

你一定也怨过我，相比于别人的妈妈，我对你的关心实在不够。我是家里的独女，从小被宠着长大，你姥姥姥爷没有让我吃过半点苦。自从你叫我一声妈妈后，我开始学习做饭、洗衣，我看很多很多的童话故事，研究《十万个为什么》……你姥姥不喜欢你，因为我辜负了她的期待。作为一位母亲，她希望我能过安稳悠闲的生活，不用那么辛苦忙碌。因为你并不是我的亲生孩子，她曾劝过我很多回，把你送回去给你爷爷奶奶养，我再生一个。你不要怪姥姥，她和姥爷把我养育成人，花费了很多心思，而我没能如她所愿地成长为她想要的模样，所以她把这份不满发泄到了你的身上。我代姥姥和你说一声对不起。

我对你的不体贴还体现在很多细节上。比如，我几乎从来没有给你买过什么好看的衣服，尤其是在你上初中以后。我当然知道女孩子爱漂亮，我常常喜欢给自己打扮得时尚优雅，却没有几次想过你，你要新款的鞋子、新款的手机，我从来都没有理会过你的请求。但是，并不是我不爱你。你还记得住在我们院里的小岚吗，她只比你大几岁，却养成了一身随意挥霍的品性。每次看到她问家里要钱，和爸妈吵架打架的样子，我都告诉自己，我不能太惯着你。所以，你的衣服多是表姐给的，你多半的生日礼物都是爸爸送的。但是，这两年我也不断地在反思自己，我是不是对你太严格了？人家都说养女儿要富着养，可是我却从来没有关注过你的需要，你的愿望。这些年来，也一定有同学嘲笑过你的衣着，你也可能会因为手中那少得可怜的零花钱而自卑过，你今天的性格变得内向而敏感，多半是由我造成的。

　　昨晚的事，我还是要和你说一声对不起。每个母亲对孩子都有期待，都有保护的欲望。出于这种保护欲，十六岁的你在我眼里还是一个小女孩儿，所以我自私地选择以自己认为正确的方式去爱你，却忽略了你是否真的需要这种没有自由的保护与爱。

　　小良，对不起。还记得你以前问我的那个问题吗？你问我，你不是我的亲生女儿，那你会不会变成灰姑娘？我想给你一个肯定的回答，我并不是皇后，但我会竭尽所能地在我的城堡里，让你当一辈子的公主。

妈妈爱你。

顾小良的眼眶早已湿润，她抬头看了看饭桌上冒着热气的饭菜。

继而抬起脚步冲出家门，她要告诉罗瑶，自己很爱她。

林陌陌，我可以做你的好朋友吗

小妖寂寂

1

人们都说林陌陌是在温室里长大的花儿，被家人保护得太好了，以至于遇到一点儿小事都会惊慌失措、六神无主，甚至要哭鼻子。

这不开学第一天，她就因为新衬衫掉了扣子而躲在厕所里不敢出来。

眼看分班考试就要开始了，急红眼眶的林陌陌把求助的目光，投到了正站在洗手盆前的女生身上。洗完手的女生转身看见了旁边扭扭捏捏欲言又止的林陌陌，友好地笑着轻声问了一句："同学，你是不是哪里不舒服？"

林陌陌把抓着胸前衣襟的手松开，脸红成了熟桃子：

"我……扣子掉了……"

女生皱皱眉头，低头瞅了瞅手腕上的表，突然伸过手去，从林陌陌的头上取下一枚小小的发夹。"用这个！"女生把细长的发夹从纽扣洞穿过去夹在了另一边的衣襟上，发夹上的小装饰刚好遮住了纽扣洞。完毕，她拉起窘迫的林陌陌跑出了厕所，向考场奔去。一路上被这陌生的女孩儿拉着，林陌陌觉得心里暖暖的。

真巧，大考场里两个人的座位居然只隔了一条过道。在两个女生相视而笑的那个时候，林陌陌特地注意了一下对方贴在桌面上的考生信息，她叫杜菲亚，真好听的名字。

讲台上的老师开始拆试卷袋，林陌陌却不断地在鼓捣自己的笔袋，她好像又忘记了带铅笔……最后，还是旁边的杜菲亚搭救了她——趁着大家低头在整理刚领到的试卷时，眼明手快又悄无声息地丢过来一支铅笔。

杜菲亚此举让林陌陌再次感动得几乎要落下泪来，一下子，在林陌陌心里，杜菲亚头顶光环，身后更光芒四射，俨然成了爱与正义的化身。

考完试后林陌陌走到杜菲亚面前还她铅笔，杜菲亚摆摆手说不用还了，铅笔就送你啦！说完带上书包就走出了大教室，但还没等林陌陌反应过来，已经走出去的杜菲亚又探回个头来："你的发夹挺好看的。"

第二天林陌陌提前来到了考场，她趁着没人注意，悄悄往杜菲亚的桌子上摆了枚发夹，在发夹下还给压了张小纸条：谢谢。

可是后来林陌陌一脸郁闷地从讲台上领回了这枚发夹。

杜菲亚离开考场前说了句让林陌陌懊恼得想撞墙的话：原来这是你的发夹啊，我在地上捡到交给监考老师的。

2

林陌陌以为自己已经错过了与杜菲亚结识的最好机会，却没想到分班后两个人同班。

但遗憾的是杜菲亚好像已经忘记了林陌陌。班会上，杜菲亚站在讲台上发表班干部的竞选演讲，她含笑的目光扫过台下的每一个同学，但与林陌陌的目光相遇时，她连半秒的停留都没有。这让林陌陌有点小失望。

杜菲亚真是个受欢迎的女生呢，居然全票通过当上了班长。林陌陌很是替她开心，因为在林陌陌的心里，早就把杜菲亚当成了好朋友。

究竟如何才能真正成为杜菲亚的好朋友呢？林陌陌有点小头痛，她才不要像某些同学，整天围在杜菲亚身边拍马屁说好听的话。真正的友情，应该是互相陪伴与分享，而不是阿谀奉承。

半个月下来，林陌陌发现杜菲亚好像真的没有和谁走得特别近，她笑眯眯的，对每个人都很友好的样子。但是啊，她的眼睛好像从来都不看林陌陌。

也怪不得杜菲亚，谁让沉默内向的林陌陌在教室里仿佛空气一样地存在。

杜菲亚在分班考试时送给林陌陌的那支铅笔是天蓝色的，与一般的铅笔不大一样。林陌陌把这支铅笔摆在了笔盒里最显眼的位置，然后她总是让笔盒盖子敞开着，她希望有一天杜菲亚路过自己座位时能看到这支铅笔，然后想起那一段其实还很新的往事。但是杜菲亚来来回回都走过很多次了，却没有一次在林陌陌座位边停下脚步。

后来在美术课上林陌陌的同桌拿了那根天蓝色铅笔来用，让林陌陌很不高兴。她从同桌手里要回了铅笔，并在笔端贴上一个带字的标签：林陌陌专用。

被林陌陌用冷暴力对待了两天的同桌逢人就愤愤不平地说林陌陌真是个怪胎。

难听的话传到了林陌陌耳朵里，可林陌陌根本就不理会。不过杜菲亚却跑来找林陌陌了，她也想看看那根让林陌陌视为珍宝的铅笔有什么特别之处。林陌陌激动不已地把铅笔递给杜菲亚，然后很期待地盯着对方的脸，但是杜菲亚很快就把铅笔还给她了，并微笑着说了句："没什么特别嘛，这种铅笔我以前也用过啊！"

林陌陌有点气馁，但转念一想，毕竟让杜菲亚注意到自己了，这是好的开始。

3

其实林陌陌很讨厌自己，她总是在心里骂自己没用，明明杜菲亚跟自己一样都是女生，只是想和她交个好朋友而已，有那么难开口吗？

但看起来容易的事情到了林陌陌这里就真的那么难。她就是放不下那点自尊。

还没等林陌陌想好下一步对策的时候，不料有人捷足先登了。

那是班上一个叫郭沁的女生，人跟名字一样的漂亮，听说是因为她帮了杜菲亚一个忙，然后两个人顺理成章地成了好姐妹。杜菲亚和郭沁真的很要好，两个人向老师申请调座位坐到了一起，然后一起上课，一起写作业，一起上厕所，一起上学和放学……连考试的成绩排名都挨在一起。

林陌陌很不开心，不开心的同时还对郭沁羡慕嫉妒起来。

自习课上林陌陌把郭沁的名字写在草稿本上，字写得大大的，然后拿红笔在上面打叉，一个又一个的红叉把纸面都戳破了。

当班长的杜菲亚在座位间的过道里走动巡查，等来到林陌陌身边时，林陌陌忽然把手臂横在本子上，并把脑袋埋了下去。她才不要让杜菲亚看见自己在郭沁的名字上打叉叉呢。但杜菲亚不知实情，以为林陌陌生病了，便关切地问她哪里不舒服。林陌陌不敢抬头，支支吾吾了一会儿终于吐出三个字：是感冒。

杜菲亚听说只是感冒，叮嘱了两句就走开了。林陌陌赶紧把本子藏起来。

大概过了十分钟，就在林陌陌百无聊赖地翻着习题册时，杜菲亚的声音突然又响起来，吓了林陌陌一跳。原来杜菲亚是跑去校医室给林陌陌买药了。看着桌子上的一盒感冒药，林陌陌心里暖暖的，她仿佛又看见了杜菲亚头顶上的悬浮光环。

虽然林陌陌没有真的生病，但她还是当着杜菲亚的面把一包冲剂给喝了。杜菲亚很满意地点头：要学会照顾好自己啊！

杜菲亚的声音真温柔，像个姐姐，林陌陌忽然有点想哭。

后来林陌陌心想，不管站在杜菲亚身边的人是郭沁还是别的谁，总之呢，杜菲亚就是她林陌陌最好的好朋友。她要默默地支持杜菲亚，默默地守护两人之间神圣的友情。

4

　　林陌陌决定要默默地对杜菲亚好。她开始会悄悄地往杜菲亚的桌肚里塞零食和小玩意儿，有时候是几颗巧克力，有时候是一杯珍珠奶茶，有时候是一块好看的鹅卵石……每次看见杜菲亚从桌肚摸出一件自己送的小礼物，然后在众人啧啧的羡慕声中露出不好意思的笑容时，林陌陌都觉得心里甜滋滋的。

　　值日的同学是要到学校收发室去帮大家取信件的。每次轮到林陌陌值日，她都会把一封自己写的信混进里面给拿回教室。当然了，收件人是杜菲亚。

　　在写有杜菲亚名字的信封里，有时候是一张明信片，有时候是两枚书签，碰上什么节日的时候就是贺卡。偶尔也会有林陌陌写的短信。林陌陌在信里表达对杜菲亚的欣赏和喜欢，另外再无厘头地说一下自己的小情绪，只是她从来都没留下名字。

　　但林陌陌的秘密还是被人识穿了。身为学习委员的郭沁一手拿着林陌陌的语文作业本，一手拿着林陌陌匿名写给杜菲亚的信，然后用力地拍在了林陌陌的桌上。

　　不知所措的林陌陌啊了一声愣在了座位上，她不明白自己刻意写的与平时不同的字迹，为什么还会被认出来。林陌陌慌乱中抬头，看见不远处杜菲亚正若有所思地盯着自己，她真恨不能把自己揉成一个纸团，然后飞进垃圾桶里去。

林陌陌觉得自己的形象彻底毁了，因为班里有同学会阴阳怪气地说：原来林陌陌喜欢女生的啊！

请病假躲在家里哭了整整两天后，林陌陌开始见着杜菲亚都躲着走。

其实她还是抱着一点儿期待的，期待杜菲亚可以跑来牵起她的手说，林陌陌，我知道你只是想和我交朋友，让我们做好朋友吧。

可是，杜菲亚始终都没有这样做。于是林陌陌的心一寸一寸地冰凉下来了，不就是没有好朋友嘛，她林陌陌在过去也从来都没有好朋友的，但一样活得好好的。这么想着，林陌陌觉得自己好像变强大了起来。

林陌陌开始很努力地去学习，她希望至少在成绩单上的排名能与杜菲亚近一点儿。

那样就没有遗憾了。

5

等到期中考试成绩出来，林陌陌这匹黑马真的超过了郭沁，紧跟在杜菲亚身后。

班里一片哗然，大家开始对林陌陌刮目相看。但林陌陌受到瞩目后依然低眉垂眸寡言少语，只是有好几次她发现杜菲亚像是有话想要和自己说，却又总是欲言又止的样子。

林陌陌很想走到杜菲亚面前问一句：你是不是有话和我说？

可是，她终究还是在距离杜菲亚很远的地方就停下了脚步，她没有勇气。

直到那天在厕所里，又有人的衬衫掉了扣子。不过掉扣子的不是林陌陌，而是杜菲亚。几个女生围着杜菲亚却帮不上忙只能干着急，没有针线也没有别针，大家都不知如何是好。林陌陌看见了这一幕，她犹豫了一下，还是取下了别在刘海上的一字夹，走到杜菲亚跟前，把夹子的一边从纽扣洞穿过去后夹在了另一边的衣襟上，那发夹上的小装饰刚好遮住了纽扣洞，像一枚漂亮的胸针。

杜菲亚愣了好一会儿才回过神来，但林陌陌早已经走回教室去了。

林陌陌心里想，不知杜菲亚认得那枚发夹不？她第一次见到杜菲亚时，也是在女厕所，也是掉了衬衫扣子，是杜菲亚教她拿细长的一字发夹解了围。现在，她反过来用同样的一枚发夹给杜菲亚解围，杜菲亚会不会想起她来？

一连两天，杜菲亚没有来道谢，也没有来归还夹子。林陌陌把头埋在臂弯里，哭了。林陌陌正哭得伤心的时候，有人在敲她的桌子。

林陌陌吸了吸鼻子，泪眼婆娑地抬起了头，是杜菲亚和郭沁。

　　杜菲亚说："林陌陌你个笨蛋，你怎么不告诉我分班考试时我们见过呢，你怎么不说那根天蓝色铅笔是我借给你的呢，如果你说了我肯定能想起来啊！"没等林陌陌反应过来，杜菲亚又说，其实她一直觉得林陌陌身上有莫名的熟悉感，她一直想接近林陌陌来着，可是孤僻的林陌陌身上像挂了"生人勿近"的牌子，让人不敢靠近。

　　听了杜菲亚一席话，林陌陌眼泪掉得更凶了，但哭着哭着林陌陌又笑了，她伸出手去拉住了杜菲亚的手。

　　旁边的郭沁也伸出右手来：陌陌，我能不能和杜菲亚一样，做你的好朋友呢？

　　林陌陌忙着点头，发现眼泪又流了下来。

不完美小孩儿

原味觉醒

1

燃气灶上，正咕咚咕咚地炖着酸萝卜老鸭汤。

林嘉莫喝着滚烫的汤，妈妈挂了电话，"你爸今天晚上加班，不回来了。"

这顿饭吃得没滋没味，林嘉莫这次考试失利，妈妈反应不咸不淡，可是妈妈越这样，她越觉得不安。

林嘉莫家是在一个老式的筒子楼，邻里挨得近，隔音效果不太好，"闺女，这次上升了两名，不要骄傲啊。"

"妈，小声点，前进两名，不也才三十五名吗？"

"怕啥，成绩差但是进步空间大啊！"

林嘉莫起身拉窗帘，对面女孩儿正笑容轻俏，她故作淡定地说，"睡觉啦，顾大头。"

顾里安吐了吐舌头，大片灯光便暗了下来。

林嘉莫喜静，顾里安爱闹，林嘉莫成绩拔尖，顾里安永远在中下游扑腾，不过，这并不影响她们之间的相处，反而有点相爱相杀的趣味。时光拉扯着两个个性迥异的女孩儿，一同奔向第十五个年头。

林嘉莫路过顾里安班上的时候，顾里安正站在讲台上，原本整齐的齐耳短发，变得张牙舞爪起来。

顾里安班上每天早上要来个这样的仪式，不知道怎么的，林嘉莫觉得有点儿丢脸。

回到教室，林嘉莫看着满屋黑压压的脑袋，也许，顾里安的生活也没有想象中的糟糕。

按理说，在林嘉莫这样的优生班里，繁重的学习任务，让人根本挤不出时间瞎想，不知道什么时候，林嘉莫有了异样。

林嘉莫清楚地记得，连续三次考试退步，老师找她谈话的情景，会伤心吗？也不全是。

"什么，你又被老师请去谈话了？"顾里安咬着冰棍，"喂，你再这样，你妈肯定会说是我带坏你了。"

林嘉莫有点儿生气顾里安的话，虽然顾里安看起来大大咧咧，其实这样的人心底最是柔软。

顾里安以为林嘉莫还在为成绩退步难过，"喏，周末，我请客，带你去游乐场，你不是一直想去吗？"

2

游乐场，顾里安嚷着要吃冰淇淋，还没等林嘉莫拿出钱包，顾里安已经把钱递给了店员。顾里安的钱包是个釉色半圆包，很精致，林嘉莫伸进口袋的手指微微蜷缩了一下。

林嘉莫望了望不远处的过山车，起伏、旋转，一如她现在的心情。

林嘉莫说有事要回去，顾里安有点扫兴，嘴上却说着没事，其实，顾里安一眼便看出了林嘉莫在说谎。

放学后，顾里安靠在走廊上等林嘉莫，林嘉莫正和沈申阳聊得开心，顾里安记得以前很少看见他们俩在一起说话。

沈申阳不是好学生，长得痞帅痞帅的，上课就是个瞌睡虫，顾里安是个直肠子，心里藏不住什么小九九，便问起沈申阳。

不知是光线的原因，还是顾里安眼花，林嘉莫脸上有一层红晕。

没错，林嘉莫一紧张就会脸红。

顾里安瞬间笑开了花，"哎哟，不要揍我。"

林嘉莫奋力直追，"叫你胡说。"

十五岁的笑容，少经沧桑，一笑，就很甜，胡乱的玩笑话也能直击心底，漾着淡淡薄荷香。

3

林嘉莫开始有意无意地躲着顾里安，顾里安看着林嘉莫为难的样子，就生气，她像一个会随便告密的人吗？

"沈申阳，沈申阳，不就是长得帅点，林嘉莫至于这么上心吗？"

有人敲门，是林嘉莫的妈妈，"听说嘉莫和一个男生走得近。"

顾里安心里咯噔一下。

顾里安停在小巷的拐角处，对于林嘉莫，顾里安是绝不会卖友求荣的，所以刚才在林妈妈面前的那番挣扎，简直折寿三年。

夜色渐暗，"啪"，路灯轰然照亮，林嘉莫从沈申阳单车后座上跳下来，她很高兴，走一路，笑容洒了一地，顾里安明显感受到自己的失落。

"我帮你隐瞒了。"

林嘉莫被突然出现的顾里安吓了一跳。

"什么？"

顾里安往前一指，"喏。"

那是沈申阳离开的地方。

林嘉莫张张口，"里安，我……"

顾里安摆摆手，"下次小心点，毕竟敌强我弱。"谁都会有秘密，她又不是小孩子，还像小时候那样会死缠烂打。不过，这些略微糟糕的情绪已经积攒在女孩儿心中，离溃堤不远。

明明没有吵过架，但是顾里安觉得她们之间却变得生疏起来。逛饰品店的时候，她发现了一个水晶发卡，很适合林嘉莫。后知后觉，在友谊的维系里，她好像一直做着讨好的角色。

顾里安踟蹰着怎么故作洒脱地把发卡给她，抬头看见沈申阳和林嘉莫正并肩走过来，她退到角落里，她觉得自己插不进他们的队伍。

他们聊得太投入，并没有发现顾里安，"你不打算给顾里安说吗？"

林嘉莫摇摇头，越过顾里安，径直走向走廊深处。

他们的背影消失在走廊尽头，"顾里安会担心吧，她不是你最好的朋友吗？"

顾里安手中的发卡掉在了地上，她清楚地听见林嘉莫说，她不是。

4

林嘉莫坐在餐桌上，"妈，我不想学声乐了。"

"如果有合适的理由，我会同意。"

林嘉莫坐直，"要升学考了，学习压力大。"

"我不同意。"

"那我跟爸爸说。"

女人背影微微一怔，她是知道了？

学习声乐，是因为顾里安。

当时流行"中国好声音"，顾里安觉得唱歌也是一种才能，爸妈见她终于有上心的事情了，托关系找了一位名师。名师让她亮亮嗓，顾里安从小不怯场，"咿咿呀呀"就把嗓子亮了出来，顺带附送了五个侧手翻。如果他教的是武术，还可以夸夸顾里安骨骼清奇，是练武之才，如今他只能摸摸胡楂儿，"这孩子，嗓门真大。"

自此之前，顾家不知道自家女儿五音不全，倒是陪顾里安去的林嘉莫深得名师喜爱。

林爸爸十分高兴，"想不到嘉莫还有这方面的才能。"

林爸爸对女儿是亏欠的，他觉得自己并没有给嘉莫很好的生活，他尽力把女儿要走的路，铺平些。

林嘉莫一直没让爸妈失望，声乐和学业都兼顾得很好。

所以，上次顾里安说，林嘉莫和沈申阳走得近，是因为在排练学校艺术节的节目，林妈妈这才打消了疑虑。

撒了谎，就必须用无数个谎去圆，林妈妈说会去学校为她的表演加油，林嘉莫只得硬着头皮报名了一个独唱。

5

顾里安走到综合楼，她是被钢琴声吸引过来的，已经是第四次听到这个声音了。

这件事，顾里安没有跟林嘉莫说起过，她觉得这是自己的秘密。

顾里安从来没有看见过那个人。顾里安停在五楼拐角处，通向五楼的大铁门是锁着的，一个超大号的锁头攀附在铁门上。

究竟是谁，能弄到钥匙进去？

琴声消失了，顾里安躲在一旁，还是没有人出来。

一路上，顾里安形单影只，自从那件事之后，就变成了这样，本来她想去找林嘉莫对质，后来想想，何必把结痂的伤口又扯得鲜血淋漓呢？重点是林嘉莫已经找到了新的朋友——沈申阳，即使顾里安不喜欢他。

综合楼，少年在铁门处停留了一下，随即走到三楼舞蹈室，推开窗，搭上木板，他膝盖微微一屈，身手敏捷地跳到对面的防水台上。

少年眉心动了动，手上多了一张便利贴，他看向走在林荫路上的女孩儿。

6

顾里安窝在沙发里看电视，顾妈妈头一次掐断了电源线。顾里安觉得有诈，刚要跑，还是被顾妈妈拉住了衣领。

顾里安心虚地说，"妈，我作业写完了，不信，你去检查。"

顾妈妈欣慰完，又开始叹气，"舒兰家里出了事，她性子倔，误把邻里的好意当施舍。"

舒兰？顾里安念了念，"兰姨吗？"

顾妈妈点了点头。

兰姨，林嘉莫的妈妈。

林嘉莫爸爸在工地上出了事，林妈妈为了不影响林嘉莫即将面临的升学考，一直瞒着她，一个人默默承受。

"舒兰太要强了。"

林嘉莫也是。

林嘉莫家庭条件比不上自己，所以大多数情况下，都是顾里安主动掏钱，她从来没想过林嘉莫是否心安理得地接受她的好意。

那上次游乐场？顾里安若有所思。

7

　　林嘉莫从小和顾里安一起长大，小时候，她们两家并没有什么不同，直到顾里安爸爸投资成功，家里便富裕了起来。

　　顾妈妈很疼林嘉莫，家里吃酱螃蟹、炖牛腩的时候，顾妈妈总是叫上林嘉莫。小时候，林嘉莫不懂事，吃多了好吃的，嘴便变得刁了起来，林妈妈做的饭菜，她一口不吃，哭着嚷嚷着难吃。

　　那时刚从工地干完活儿回来的林爸爸，推开门就看到这个场景，不免有些怒火中烧，一巴掌和着还没来得及清洗的铁锈，打到了林嘉莫脸上。

　　不知道是铁锈还是爸爸手上的厚茧，刮得生疼。

　　"你干什么呢，孩子小，不懂事。"林嘉莫躲在妈妈身后，爸爸高举着手，深凹的眼里透着深深的落寞，这是她第一次觉得自己做了错事。

　　林嘉莫渐渐变得听话，她知道什么该要什么不该要，比如，顾里安要滑板车，她没要；顾里安要学画画，她没要……

　　只有好好学习，才是她要得起的。

　　那次陪顾里安去参加声乐面试，也许是虚荣心吧，她故意哼了一段小调，让名师听到。

两颗青梅没竹马

　　林嘉莫只是想证明一下自己，并没有想过真的要去学习，毕竟这种课程很贵，平常人家都负担不起，何况她家。谁知爸爸知道后，二话不说，为她报了名。林妈妈很为难，林嘉莫晚上听到了他们的交谈，家里积蓄并没有多少富余。

8

　　如今爸爸躺在医院里，医疗、日常开销都是不小的数目，林妈妈越是不告诉林嘉莫，林嘉莫就越是担心。

　　那天她回家，房门没锁，她听见妈妈正在打电话借钱，卑微渺小，一句一句，重重地击在她心上。她才知道妈妈谎称爸爸加班是因为他受伤进了医院。

　　妈妈从小告诉她走路要抬头挺胸，做人要不卑不亢，可是昏黄灯光投射到墙壁上的背影，看起来分外的苍老佝偻。

　　学习上，林嘉莫并不吃力，她留出时间在网上找兼职，虽然林嘉莫只有十五岁，凭着身高比同龄人高了一头，说是高中毕业，也会有人相信，很快，有人联系了她。

　　林嘉莫按手机上的地址来到了一栋楼前，正当她抬脚走进去的时候，有人叫了她的名字。

　　林嘉莫坐在奶茶店里，看起来有点惊魂未定，对面的男生递来一杯奶茶，"很多女生都被这种小公司骗过，招聘时说的平模，实际上是另有所图。"

一开始林嘉莫并不想和沈申阳有什么交集，对于这种坏坏的男生，她一向是敬而远之。后来，她发现沈申阳只是学习不太好，社会能力倒是蛮强，无论是店铺老板还是小资白领，他都能唠上几句，更重要的是，他有资源。通过沈申阳的介绍，林嘉莫在一家杂志社做校对，虽然常常看得眼花缭乱，但是她觉得踏实。

每个人都值得被尊敬，无论他们身上贴着什么样的标签，好学生，坏学生，他们都有不完美的地方，但同样也有闪光的特质。

拿到第一个月的工资，虽然不多，但是自己终于能做点什么的念头，让林嘉莫很高兴。那天沈申阳充当绅士载了她回家。

林嘉莫怕妈妈担心，尽量不会晚回家，不过，林妈妈还是有所察觉，幸亏顾里安帮她掩盖过去。林嘉莫骨子里强烈的自尊心，让她决定不能让顾里安知道太多，如果解释沈申阳，必定会将事情全盘托出，所以她适时地沉默了。可是，顾里安与她越来越生疏，也许自己的倔强真的伤到了她们之间的友谊。

林嘉莫坐在书桌旁，对面窗户漆黑一片，换作以前，顾里安一定会拿着电筒照过来，晃啊晃，晃到林嘉莫以为自己房间住进了月光。

坦诚一点儿不是更好吗？她决定跟顾里安说清楚。

其实，那次走廊上的谈话，顾里安并没有听到全部内

两颗青梅没竹马

容，林嘉莫接下来的话是，"我把她当成姐妹，所以我更怕她担心。"

那时，林嘉莫并不知道顾里安的存在，两个人抱着各自的遗憾，既不前进也不退让，可能是害怕失去吧。

天刚亮，顾里安从巷道里推出自行车，隔着薄雾看见林嘉莫站在巷口，她一直以为自己总是过度付出，其实，林嘉莫比她更用心。

晨风把雾吹散了些，"顾里安，我的车坏了，你载我吧。"

顾里安拍了拍后座。

弄堂里林嘉莫的自行车完好地倚在角落，既然当事人都不愿戳破，那我们还是静静地当个观众吧。

就像村上春树说过，每个人都有属于自己的一片森林，也许我们从来不曾去过，但它一直在那里，总会在那里，迷失的人迷失了，相逢的人会再相逢。

9

距离艺术节还有三天的时候，主持人突发阑尾炎被送去了医院，艺术统筹愁得焦头烂额，林嘉莫想了一下，"老师，有个人可以。"

"什么？我？"顾里安简直要晕倒。

"这段时间你一直陪着我排练，所以整个艺术节的流程你已经很清楚了，只需要把串词背下来。"

"林嘉莫，你……"那个地方，是自己想去的吗？

跟众星捧月的林嘉莫相比，顾里安好像从来没有什么值得说起的才能，除了嘴皮子溜点儿。经过一天的走台背词，完成度竟能达到之前主持人的八成，艺术统筹提着的一口气也算顺了下来。

彩排完，顾里安坐在林嘉莫旁边，"喂，你不是说，沈申阳和你之间的关系是中介与受雇者的关系吗？"

"那可不？他有提成呢。"

"那他为什么老往我们这里看？"

林嘉莫笑，"他说你挺棒的，想跟你交朋友。"

咦，还挺有眼光的，顾里安眉眼笑开，"那为什么他天天在这里？"

"哦，他是道具组的负责人。"

顾里安被呛了一口，"就是楼梯、扇子这一类？"

"嗯，勤工俭学。"

顾里安看着满头大汗的沈申阳，这人没有想象中的讨厌啊。

艺术节开幕前一个小时，顾里安穿上了礼服，水晶肩带轻巧地绕过右肩，不过，顾里安在穿衣镜面前变得龇牙咧嘴，最近吃多了？好紧啊！

"啪"，因为过度用力，水晶肩带断了。

"帮我找根针，缝缝。"顾里安黑着脸。

一时间，后台手忙脚乱，林嘉莫从书包里拿出一个小礼盒，"喏，这个本来就是要送给你的。"

水晶发卡勾住断掉的两段，正好停在锁骨上面，像只蝴蝶，振翅欲飞。

是心有灵犀吗？这发卡是她之前买的同款。

林嘉莫走到舞台中央，微笑示意调音师，一、二、三，林嘉莫心里打着拍子，麦克风里没有出来一点儿声音，观礼台下的人群中开始传出嗡嗡声。

调音师满头大汗，轮到林嘉莫上场的时候，伴奏带竟然损坏了，重新下载需要一点儿时间，会场的气氛变得尴尬起来。

顾里安礼服上别着的水晶发卡，焦急地一闪一闪，林嘉莫眼神柔软了下来，她望向观礼台上的妈妈和刚出院的爸爸。

林嘉莫改变了主意，她握紧话筒，清澈的声音缓缓淌过每个人的心扉。

当我的笑灿烂像阳光／当我的梦做得更漂亮／全世界在为我鼓掌／只有你担心我受伤

全世界在等我飞更高／你却在心疼我小小翅膀／为我撑起沿途熟悉的地方

这时，礼台上光线触碰不及的钢琴旁，坐了一位少年，指尖流淌音符，和着空灵，经久不息。

沈申阳？道具组负责人还管钢琴？顾里安惊讶得张大嘴巴。

当我必须像个完美的小孩儿／满足所有的期待／你却好像格外欣赏／我犯错犯傻的模样

我不完美的梦／你陪着我想／不完美的勇气／你说更勇敢／不完美的泪／你笑着擦干／不完美的歌／你都会唱／我不完美心事／你全放在心上／这不完美的我／你总当作宝贝／你给我的爱也许不完美／但却最美

曲毕，礼堂内爆发出热烈的鼓掌声，被主持人拉到谢幕台上的钢琴少年，有点紧张，他很少接受过专属于他的掌声。

"你很棒。"少年想起了那张便利贴。

我们都是不完美的小孩儿，有瑕疵，所以更珍惜成长，我们对过往的一切情深义重，但从不回头，对想要的未来抵死执着，但当下却无急迫之色，我们特别敢、特别狠、特别温柔。

他们的背影消失在走廊尽头，"顾里安会担心吧，她不是你最好的朋友吗？"

顾里安手中的发卡掉在了地上，她清楚地听见林嘉莫说，她不是。

我们的故事那么多

八　蟹

1

那一年的厦门还是老厦门，一切都是旧旧的模样，自行车骑遍大街小巷，鼓浪屿的礁石被水清洗得温润如玉。

那一年，我们初二。是真正的年轻，年轻到还没有和青春痘相遇。那时互联网也没有像现在这样发达，追求喜欢的人还是需要在现实中花费时间和精力。

我的好兄弟徐近就是在这时看上了比我们低一届的小学妹程思。

我不知道他是一时兴起还是真的动了心，但既然他决定展开追求，作为兄弟的我一定是义不容辞地帮助他。

所以当徐近不好意思把买的水直接送给女生的时候，

我就起了作用。

先前男孩子的小把戏使两个人算是相识了。所以我站在初一（7）班门口把程思叫出来说这是徐近给你的时候，她并没有拒绝。

第二次当我再帮他送水时，出来的却是一个陌生的面孔。

原来她是替程思拿水的。

十三岁的林木子留着清爽的短发，皮肤剔透，眼眸清澈，青涩又单纯的模样。

但是她的性格和她的长相正好相反。

我说这是徐近给程思的水。女生懒懒地接过水，撇了撇嘴，干吗不自己送，这么low。

我回应她：又不是我在追，low的也不是我。女生抬头看了我一眼，没说话，进去了。

徐近不好意思自己送水，程思不好意思自己去拿。于是后来就变成了我站在门口把水交给林木子，她进教室后再把水给程思。

我们的人生就这么莫名其妙地开始有了交集。

2

后来有时在路上会遇到和同学一起走的木子，礼貌地

两颗青梅没竹马

问候然后说再见。就这样平淡地交集，直到有一天，霓虹灯闪烁的夜晚，我在放学回家的天桥上遇见了她。我问她怎么也走这条路。女生不解地说我家就在前面那个××小区啊。

××小区，就是我住的小区。

当时的我只觉得很巧，便憨憨一笑，好巧哦，我家也在这个小区。

现在想起来，真的觉得冥冥之中早就注定了我们之间的命运。

我把我和木子是同一小区的事告诉了徐近。徐近就鼓动我追她。我回答他，别开玩笑，我又没你帅，我看得上人家人家看不上我。

那时候我是个胖子，而且整天就想着打架，也不会往这方面想。徐近说过的话我很快就抛到了脑后。

时间不紧不慢划过初二的河，我和徐近升入初三。

初三是我人生的一个小的转折点。我收敛自己爱惹事的性子，开始好好学习。不仅如此，在这一年，我开始健身，慢慢地蜕变成一个瘦子。如今每每拿起当年的照片，看到那个肥嘟嘟的自己，都会感慨，每一个胖子真的都是潜力股！

也是在这一年，我和木子的联系更加密切了。

她找我借会考的复习资料和提纲，不懂的问题也会来请教我。我倾其所有。

越来越熟悉，就越来越了解。长得可爱，性格开朗，谈吐风趣。这是我对她的评价。

我还发现一件有点尴尬的事，我好像喜欢上了这个直来直去的女生。

用尴尬来形容这件事是有原因的。一来，我感觉可能也只是一时的新鲜感。第二，我觉得如果和小一届的人在一起很奇怪。而且当时离中考也很近，虽然没有高考那么至关重要，也算是眼前的一道坎儿。

所以我并没有把我对她的感觉告诉她，而是默默地藏在了心里。

有一次骑车回家故意绕路绕进一个小区，因为大马路车多不好骑结果在那个小区遇见她，后来才了解到她会陪一个同学回家，那个同学住那个小区。此后我就刻意把车骑进那个小区看能不能碰上。

这件事她到现在也不知道。

事实证明只要愿意努力，人生真的可以发生天翻地覆的改变。初三一整年的埋头苦读换来了厦门一所著名高中的录取通知书。

融进了新学校，加上我们年级上的差距，我对木子的感情开始变淡。

3

上了高中，在舍友们的怂恿下，我对班上一个叫晏心的女孩儿展开了追求。

起初只是好感，但后来确实动了真心。

晏心最终答应了我。

我和木子还保持着联系，在得知我恋爱后的一个晚上她给我发QQ消息。她说要跟我说一件事，但是让我知道以后也不要想太多。

她说她喜欢过我。

我看着电脑屏幕上的这短短几个字愣住了，恍惚间想起初三毕业后回母校时遇见她的情景。

那时回母校看见了不远处的程思和木子。程思只是微笑着向我轻轻地挥手。而木子却是跳起来很开心地向我不停地招手。

我知道她只是当作回忆来谈这件事，因为彼时我们都各自谈恋爱了。

林木子中考填志愿的时候我打趣她：考来我学校继续当我的学妹啊。

木子回我：鬼才要当你学妹。然后她考到了另一所高中。

很久以后我才知道，其实当时她是真的打算和我报考同一所高中。但是因为家庭问题，她最后屈服于父母，填了离家近的一所也不错的高中。

木子的恋爱不到两个月就夭折了，而我和晏心在一起一年半，最后还是分开了。

我买醉了好几天，在大半夜里迷迷糊糊地拨通了木子的电话。我早已没有当时的记忆，是木子告诉我我在电话里说了什么。

"你喝得烂醉，打电话跟我说，林木子，今年五月份，我们一起去看陈奕迅的演唱会吧。"

然而最后我们并没有一起去看演唱会。因为那天我说完这句话之后林木子骂了我一句神经病就挂了电话。

现实果然没幻想中的浪漫啊。

4

刚分手的那段时间木子不断地安慰我、鼓励我，让我渐渐走出失恋的阴影。我心里仿佛重新滋生出了对她的喜欢。但是我觉得要避嫌，不能马上和她表白，那样会使她受到舆论的攻击。

也许她也是这样想的，所以就逐渐地开始刻意逃避我。

直到有一天她说以后我们不要再联系了，就此别过。

我当时不明白是为什么。我找遍了她所有的朋友去联系她都无疾而终。然后我们真的就这样失去了联系整整半年多。

在我们失去联系的半年多里，我们很默契地谁也没有主动去找谁。那年我正经历从高二进入高三的阶段，也收了心不再鬼混开始逐渐认真读书下定决心不再谈恋爱。

她大概从别人那打听到我也不再整天喝酒打架开始学习了，所以她也不想打扰我。于是我们就彼此不去联系。但其实在这一年里我想过去联系她。也尝试过。

我们住同一个小区，就总希望在回家的路上或是散步的时候能遇到。可是我们住在小区的两个方向。为了相遇，我总喜欢走她回家的路线，但很奇怪，我总是遇不上她。

直到很久以后我才知道，因为她也希望能偶遇我，所以在我走她回家的路线的那段时间，她走的是我回家的路线，所以自然而然地遇不上。

有一天玩微博，发现微博里多了一个新的粉丝。点进去看内容，才发现是木子。她把她原本的资料换得面目全非，甚至我都不认得。

私信她四个字：好久不见。她回复同样简单却又意味深刻的话：好久不见。

那之后我们便恢复了正常的联系。她对我说有话要告诉我，不过得是在高考之后。

我心里有预感，大概知道她要说什么，于是就全身心投入读书，空闲时间联系她，等着高考毕业后跟她表白。

过了不久她居然告诉我她有男朋友了。当时我觉得自己就像备胎一样不需要了就被踢开。但还是笑笑祝福。

高考毕业后我迫不及待地去问她想和我说什么。她居然说没什么想说的了。我很失望，问起她男朋友，她说那只是当时怕我分心学习随便说的。

高考将我带去了距离厦门三千多公里的北方城市。这件事成为我向木子表白的阻碍因素。加上她要高三了，我并不想因为自己而耽误她学习。我也害怕她高考完不愿意和我一起北上。

我终究没有表白。

5

我以为命运已经注定了我们两个不能够在一起，只能做最好的朋友。直到有一天，我在宿舍和她聊天，她突然问我要不要做她男朋友。只要回答好或是不好。

她在那头倒数。

回忆就像电影放映，一幕一幕地重现。

在爱情面前，我无数次地退缩，举白旗，只是因为我过于谨慎，担心这份自己珍惜的感情不能长久，会被现实打败。

但是如今，她都已经勇敢地迈出了这一步。

"三。"

"二。"

"一。"

"好。"

6

我们的故事那么多，总该有个好结局了。

你是我幻想过的远方，不灭星光

短发、碎花裙、西瓜和雀巢先生

街 猫

雀斑是一群淘气的小精灵

"奶奶，帮我再剪短一点儿。"

"再短就到耳朵了，想好了哦。"

她的气息轻轻拂过我的耳边，混杂着海水的潮湿气味。很奇怪，明明已经是一个满头白发的老太太，脸上刻着好几条皱纹，可是说话的语调却轻盈如少女。就像杂志上说的，蔚蓝的海水滋养了一个永远的高中生，手握剪刀，嬉弄光阴。

"我年轻的时候脸上也有很多小雀斑呢。"老太太看着镜子里我的脸说。

"真的吗？那后来怎么没有的？我听别人说可以喝中

药调理，还要早睡早起，不能熬夜，不能吃辣。"

"姑娘不喜欢自己的小雀斑么，我倒觉得很可爱呢。"

"你是想说像一群淘气的小精灵吗？哎，这个比喻已经安慰不了我了。"

试问哪个少女不想要一张白净无疵的脸蛋呢？

"不，我觉得这只是一个选择。"

"什么？"我没听懂。

"也许有一天你得到了一个可以治愈雀斑的偏方，却失去了最让你快乐的熬夜。"

"呀！你怎么知道熬夜最让我快乐？"

"奶奶也年轻过啊。"她笑着说，牙齿洁白而整齐，也许是装了假牙。"要是问我最后悔什么，就是年轻的时候没有多穿比基尼。"她看着门外几个穿着泳衣的女孩儿说说笑笑地走过。

"如果让我重返二十岁，我马上穿上比基尼，一刻也不能耽误，不到二十八岁绝不会脱下。"

"哈哈。"我忍不住笑出了声，老太太还真是幽默呢。

店面不大，但很简洁舒服，有点儿像我小时候练舞的芭蕾琴房，一种空落落的感觉。有两个客人坐在门口的钜型沙发上等候，一个翻着杂志，一个戴着耳机。

位于太平洋的一个小镇上，坐落在海边的一座小山丘上，并且由一个高龄老妇人亲自理发——据说就是这三点吸引了广大文艺青年前来瞻仰，比如我。

剪完头发后感觉整个人轻了十斤，我左甩甩右摇摇，非常担心这面巨大的镜子会被我的高颜值震碎。于是赶紧告别离开，心里祈祷着下山能看到海上落日，那样的话我要拍一百张照，让爽约的学长知道他错过了何等美景。可一个背着琴盒的冒失鬼闯进门来急匆匆撞到了我，更可恶的是，他手上的咖啡全洒在了我的白色裤子上！

"喂，你走路不长眼啊！"我气不打一处来。

"抱歉，我现在赶时间……阿妈，你找条裤子给她换。"

说完，他就从另一边门走了……走了……了……

什么人啊真是！倒是老太太过来一个劲儿跟我道歉，难道是她的孙子？她走进房间，几分钟拿了一件碎花布裙走了出来，对我不好意思地笑笑说："是我年轻时穿过的裙子，你将就着换上吧。"我有点蒙，还是换上了。裙子滑过皮肤的触感滑滑凉凉的，是质感很好的碎花裙。

"年轻真是好啊。"老太太看着我感叹，拿着剪刀走近我，我只听得到咔擦几声，一截裙摆便落了地，整个动作一气呵成干脆利落。

"这样更好看，很配你的短发。"

我心里十个小人呼啦啦跳了起来，她绝对是一个有故事的老太太。

"二十多年了，听说这个夏天又流行起碎花裙了呢，世界真有趣。你要不嫌弃的话，这条裙子就送给你吧。嗯？雀斑姑娘？"

天知道——我求之不得，这个夏天还真是有趣。

在海边拉小提琴的少年

这天也不是节日，来海边的人却不可思议地多。

几个小孩儿抱着冰镇西瓜坐在码头的木板上嘴角流下红色的液汁，情侣们手牵着手漫步在沙滩上趁没人注意时偷偷亲吻一下，抽烟的大叔偶尔看一眼天空想起了什么我不得而知。我脱掉布鞋沿着海边一直走，想着要是学长在就好了，此刻他一定在陪他的女神吧。所谓女神，就是那种夏天无论多热都披着头发冬天无论多冷都穿着丝袜的女生。

我只是想和人说说话，讨论一下我的新发型和新裙子。

突然我听到了美妙的音乐，我循着声音走去，原来是一个少年在弹奏小提琴。

啊！正是在理发店撞到我的那个男生！

他微闭着眼睛，拉动着琴弦，漫天的云朵就是在这一刻被落日晕染成娇媚热情的模样的，仿佛预谋已久，那些落日的余晖以一个微妙的角度打在他的脸上，我甚至感受得到他的睫毛的颤动。

他看起来……好纯洁啊。

悠扬的琴声中，陆陆续续有人在琴盒里投下硬币或纸币。我正要拿出钱包——却惊恐地发现，我的钱包不见了！

啊！我！的！钱！包！

我环顾四周，顿时觉得每一个人都可疑起来，包括啃西瓜的小孩儿、秀恩爱的情侣、抽劣质烟的大叔。

至于落日，我看都没心思看了，更别说拍。

人群渐渐散去，而我还留在原地，盯着琴盒里的钢镚，嗯，咽口水。

不是我猥琐，而是没钱我怎么坐梅沙5路车回家啊！

而且这个冒失鬼弄脏了我的裤子不应该有所补偿吗？

终于曲终了，他把琴放下来，对我扬了一下头，笑着说："我长眼了啊。"

"长眼你还撞我！"我故作强势。

"看到你就瞎了啊。"

"喂，什么叫看到我就瞎了？"

"不瞎怎么看得到你穿碎花裙这么漂亮的样子，再浪费一杯咖啡也值。"

喂这家伙！

不要以为你会拉个小提琴就把自己当小王子好吗，不要以为说得动听我就不敢跟你借钱了好吗。我一定要开口的，我也不贪心，就五块钱，五个硬币就够了。我妈还做了酸甜排骨等着我回家吃饭呢。

听完我的话，他笑意更深了，说，我也是回吴阳，你等等我，我们一起去坐车。

他从琴盒里拿了一张十块钱出来，把其余的装进一个塑料袋里。带着我拐进一个小巷子，让我帮他抱着琴盒，爬上一间破旧房子的窗户用细线把塑料袋吊了下去。

我的天啊。

心里的十个小人又叽叽喳喳吵炸了天，我想问点什么，他只是笑着说再不走快些就赶不上末班车了。

短发夏天才是美少女应有的态度

学长看到我的新发型说的第一句话是，你这辈子估计嫁不出去了。

歪（why)？

因为你动不动就要剪头发啊。流行BoBo头你要剪，刘海长了顺便剪，洗发水不够用了你又要剪，现在在杂志上看见个老太婆你都要去剪……

有何不可？

他都不知道我遇见了一个多好玩儿的老太太，当然还遇见了别的。

这样你就没办法长发及腰啦。

谁稀罕长发及腰啊？

大家不是都说着"待我长发及腰，少年娶我可好"吗？

你难道不觉得及腰长发拿去拖地也是极好的吗？

他看我的眼神，无药可救、痛心疾首、恨铁不成钢……拜托，我又不会像麦当劳广告里那个女生一样，说三十岁还嫁不出去就死皮赖脸非要你娶我。

他手机突然响了，他打开一看，手舞足蹈地嚷嚷"我女神找我了找我了找我了！"原地旋转三百六十度差点摔了手机却没稳住自己被我扶了一把后淡定从容地回了一个"嗯？"

看到此情此景，我心里十个小人齐刷刷地摇了摇头，这个傻瓜。

不管怎么说，我很满意我的新发型，短发夏天才是青春美少女应有的态度。

仲夏的人类拒绝不了西瓜

我没想过我会为了一场辩论赛而错过我最爱的冰镇西瓜。

就像我没想过会在学校再次碰到那个在海边拉小提琴的男生一样，是他先叫住我的。我很惊讶，问他怎么会在这里？他说来参加一个辩论赛。

你学校有便利店吗，可以买纸杯咖啡的那种？

这人怎么那么喜欢喝咖啡啊，看在他帮我付过车费的份儿上，我就勉为其难地带一下路吧。可带完路后我忘了我本身要去干什么了，社里赢了竞标赛搞庆祝活动从市场拉了一车西瓜回来，我却出现在篮球场上。我走啊走，走到了五号阶梯室，门口写着今天有一场辩论赛，题目是"实体店购物和网络购物哪个更好？"

我神差鬼使从后门走了进去，在最角落的位置坐下。

是时候告诉你们了，其实我是个学术性少女，我对于辩论一直怀有浓厚的兴趣。我早就想看一场辩论赛了，就算那里没有冰镇西瓜。有一个男生离题了，离得十万八千里，他说他经常给异地的女朋友买礼物，但他坚持去实体店买，就算网上便宜很多还包邮。他说，自己从来不会去逛街除了给女朋友买礼物的时候，就是在这种买礼物的过程他才意识到了自己生活了那么久的地方有多美。他觉得逛的那些街，走的那些路，精挑细选的那个过程，都是礼物的一部分，还是最珍贵的那部分。直到他从一个朋友口中得知，那个女生跟别人说，有个傻子动不动就寄东西给我，吃不完的巧克力想拿去喂狗狗还被人骂，才知道狗吃巧克力会中毒。其实他和那个女孩儿从来没有在一起过，是他一厢情愿。

旁边的女孩儿小声嘀咕，搞那么凄凉感觉不让他赢都不是人了。我却真正难过起来，学长这一个月都来蹭我妈给我做的早餐，晚上还去奶茶店做兼职。因为女神下个月就过生日了，他要努力攒钱给她买礼物。

我的电话响了起来，是学长。

"你是被人绑架了吗？让你去便利店加袋冰一下楼就失踪了，再不回来西瓜都被吃光啦！"

"女神就是这样的啊。"

"你在说什么鬼啊？"他不明所以。

"女神说她要洗澡就再也没回来，你知道为什么吗？"

"为什么？"

"因为她死在浴缸里了。"

"神经病。快回来吃西瓜吧。"

我没有回去，而是自己在校园里溜达了一圈。很巧的是，当我走出校门口准备回家，又碰到了那个我不知道名字的、在海边拉小提琴的、喜欢喝雀巢咖啡的男生。

他两只手各拿着一块大西瓜，红得掐水。

他也看到了我，说，嘿，雀斑小姐，你要吃西瓜吗？

是，他叫我雀斑小姐，我突然没那么讨厌我眼角下的小雀斑们了，没准它们真是一群小精灵呢。

虽然我妈从小教导我作为一个女孩子不能随便领别人吃的东西，特别是街上怪蜀黍的糖果，可是仲夏的人类如何拒绝得了西瓜呢？

"我刚经过一个教室，走廊上全是西瓜皮，他们非要塞给我两块西瓜。你学校的人真是热情啊，就是辩论起来太煽情了。"

"可你不觉得那个男生很可怜吗，他自己都舍不得吃德芙巧克力呢。"

"辩论就是辩论啊，哪有什么可不可怜，只有输和赢。"

等等——我这不是暴露了自己偷偷去看辩论赛了吗？一想到这，我整个人都不好了。抬头看他，西瓜吃到一半就扔了，皱着眉头抱怨太甜。我必须要走了，要不等一下他问"原来你去看了辩论赛啊"我要怎么回答？

"喂，那个……雀斑小姐——"

"嗯？"我刚走几步又回过头来。

"你过来一下，我跟你说点事。"

我过去了。

他笑了笑，显得很不好意思，说："第一次跟女孩子说这种事，好尴尬啊……"

我凝目屏息……

这是一年中最热的一个月份，我感觉自己整张脸都快烧起来了。

他走近我，俯下身将嘴巴凑近我的耳朵，轻声说："你裤子拉链没拉好。"

我低头一看——

给！我！一！枪！

瞄！准！一！点！

街头演唱者的失误

学长和女神在一起了。在她生日那一天，他送了她一大束红玫瑰，带她去吃烛光晚餐，在恰到好处的音乐中献上一份精美的礼物，女神流下了喜悦的泪水激动地在他额头落下甜蜜一吻。最后一句是我的YY。但学长依然不要脸地来蹭我的早餐，苦追一年终于抱得美人归，他对她的心意满得要溢出来，他要继续攒钱，带女神去高档餐厅吃饭。

自从雀巢男孩儿提醒的拉链事件后，我简直成了强迫症，看见任何反光的东西都忍不住盯着自己的裆部看一下。偏偏冤家路窄，我又在学校里碰见了他，这人怎么动不动就往我学校跑啊？这次他背着大琴盒，从楼梯上走下来，对我say hi。该死，我又想伸手去拉拉链了。某一瞬间我连杀人灭口的心都有了。可当他亮起无害笑容问，"我又忘记你学校便利店怎么走了，带个路我请你喝咖啡。"我又觉得他现在死尚有余辜。

"你怎么在我学校？"

"哈，你们学校音乐社社长邀请我们来玩，切磋切磋。"

"你们？你的们呢？"

"只有我来了……我不喜欢辜负别人的热情，哈哈。"

出了校门口后他问我准备去哪里，我说要去步行街买袜子。这是今天早上我写在备忘录里的事情。

"刚好我也要去，一起吧。"

天空悄无声息地暗了下来，街上涌出越来越多的人，和街头演唱者们。我在一个弹吉他的少年面前驻足，听他唱完了一整首《狮子座》，那句"短发女人也可以性感和可爱"让我莞尔，我想表达一点儿心意，却发现包里没有零钱。我问雀巢男孩儿有没有，他说有，但不想给。

"因为不值得，他中间有一两个音弹错了。"

"你那么厉害，你来弹啊！"我有点不忿。

他真的脱下琴盒站在吉他男的地面拉起了小提琴，欢快的曲调。我看到过往的路人跟着这音乐摇摆起身体，也有人不忘慷慨解囊。他渐渐闭上了眼睛，周遭的一切背景都在消退，这世界只剩下他自己。

我们拿着琴盒里的钱去M记买了五个冰淇淋，从街头吃到街尾，在路过的每一个街头演唱者的琴盒里扔下几个钢镚儿。

"你什么时候开始学琴的啊？"

"很小的时候，二年级吧，那时候父母都要我们学一个兴趣班。我本来不知道要学什么。"

"然后呢？"

"有一次我看到一个女孩子在琴房里练舞，踮着脚尖转圈圈的那种。我觉得她好漂亮好优雅，就选了这个我觉得跟芭蕾比较接近的兴趣。"

"你在琴房看到的那个女孩儿该不会是我吧？"我一个不小心就把心里的YY说了出来。

"哈？"

"我小时候也练过芭蕾呢，练了两年，练到脚趾烂掉就不练了。"我脱掉鞋子，破洞的袜子刚好露出我畸形的大母脚趾。

他的表情很惊愕，我以为他是震惊于我当年不怕苦不怕累的精神。谁知他蹲下去，帮我把鞋子穿上，还把鞋带松开又重新绑紧。嘴里说着："你妈妈没教过你不可以在大街上脱鞋子吗？小时候我还因为在客人面前忘了拉拉链被我爸揍一顿呢。"

这下换我傻眼了。

这是第一次，有男生弯下腰去帮我绑鞋带。

鞋子里的五个脚趾头全都害羞地缩成了一团，心里的十个小人又炸开了锅，其中有一个叉着腰大声说，那你妈妈有没有告诉过你，帮女孩子绑了鞋带之后就要对她负责了？

他说再也不会为谁疯狂

学长不来蹭我的早餐了，因为他和女神分手了。他发现自己无论怎么努力都无法真正满足她，她今天想要一个包明天想要一条裙子大后天又该开始为冬天的到来做准备了，可他们还没有好好享受过夏天啊。女神吃冰淇淋最爱哈根达斯，喝咖啡只喝星巴克，是，他不介意一个女孩子有品位有追求。可是，他无法接受一个女神只有女神的爱好。

他不仅是失恋，他失去了心中的女神。他说他再也不会为谁而疯狂了。所以他把自己淹没在题海里，将阳光雨水虫鸣鸟叫通通关在窗外。我抱着一个冰镇西瓜去敲他的门，直到夏天快要过去那一半西瓜还留在房间的门外，静静蒸发掉了所有水分，变成一个红色的空壳。

我替西瓜感到愤怒，忍无可忍爬窗而入，强行将学长拖出房间。

如果我是一个男孩儿就好了，我要和我的兄弟一起去打球，去跑步，流下一吨汗水再去补充两吨冰水。听很摇滚的音乐，让他们记住我的唇形。无聊了就去打耳洞，冲对街的漂亮女孩儿吹口哨。

可就算我是个女孩也没差，我要穿上唯一的碎花裙，带着我伤心的朋友，去做这个世界上最夏天的事情。

趁夏天还没过去，去看海吧

不明白为什么每次看见他，他不是握着一杯咖啡在喝就是去买咖啡的路上，真的很好喝吗？

"嘿，雀巢男孩儿，你要去哪？"

"我啊，在等巴士回家啊。你呢？"

"我也是。"

有一辆巴士开过来了，我伸着脖子张望，因为近视还是看不到车上的字。

"趁夏天还没过去，不如我们再去看一次海吧。"他突然说。"前面那辆就是梅沙5路。"

没等我回答，他已经拉起我的手向前方奔去，耳边除了风声，只剩下我的心跳。

趁夏天还没过去，和我谈恋爱吧。

胖子高明达

叶佛生

1

高明达是个胖子。网名Panda，所以大家叫他胖达。

胖达身高一米七三，体重一百八十斤。大一的时候，有一次我在阳台收衣服，不小心把一条裤子碰掉在地上，我捡起来问："谁的沙滩裤？"胖达鼓着他的包子脸默默走出来接过去，我这才发现原来是条内裤，尴尬不已，立马在心里对胖达的背影扑通一声跪下：大哥我错了小弟有眼无珠求你别在饮水机里下毒……

开玩笑。胖达是个善良的胖子，怎么会做出这种事。胖达善良到跟他的三个室友——我、阿犬和二冬分享他所有的零食，一个人从一楼扛两桶纯净水上寝室从来不要我们帮忙，作为班长上课考勤从不记我们的名字，主动询问要不要帮我们打饭，甚至借钱不用还——当然我们不会这么缺德。作为回报，我们决定胖达只能给我们仨欺负，而要是谁敢欺负他，我们一定把欺负他的人打得满地找牙。

胖达钟爱摄影，大一上学期我们专业设置了摄影课，于是开学第二个月便人手一部单反。摄影课老师是个光头，他布置的第一次作业竟是拍一张沾着露珠的植物照片，我们都怀疑他的脑袋是不是被地铁门夹了。但机智如我很快想到了办法，我们买来一瓶矿泉水走进草地里到处洒水，然后拿出单反调好角度按快门，再回去在电脑上后期一下便完事。交作业前一天晚上，胖达没回来寝室，我们对胖达的去向进行了各种邪恶的猜想后各自睡了。第二天摄影课胖达却早早来到了教室，他脸上挂着两只黑眼圈，成了名副其实的Panda。胖达得意扬扬地打开单反给我们看，原来为了在凌晨拍到露珠，昨晚他骑车到离学校两公里远的中心湖蹲守了一夜，还收获了蚊子咬的十几个红包。我们不禁为胖达的敬业精神深深感动，纷纷举起手驱散胖达一夜没洗澡的汗臭。上课点评作业时，光头老师表扬了胖达的作品，胖达听了一个劲儿地嘿嘿傻笑，我们带动同学们热烈地鼓掌。下课后，胖达回到寝室一觉睡到晚上十一点多，要不是他偶尔吼几句梦话我们都以为他死了。

2

作为一个胖子，胖达也有着减肥的心，可我从来没见过胖达节食或运动，一问他却说："我用的是意念减肥法，只要我每天想着我一定会瘦，我一定会瘦，终有一天我会瘦的。"听了胖达的话我脑海里有一万匹羊驼奔腾而过，但我深谙人艰不拆的道理，便对他说："嗯，你会成功的。"心里却默默配上死鱼眼的表情。

后来有一天，我提着盒饭回寝室，打开门后我惊讶得差点下巴脱臼，胖达竟然在做仰卧起坐！我晃了晃脑袋，发现这是真的，这不是梦。我看了看阿犬和二冬，他们也用同样的目光看着我。我抬头看天，发现并没有天狗食日。那胖达为什么如此反常？

我低头沉思。通常来说，男人做事的动机只有两个，一是为了玩，二是为了女人。而我觉得仰卧起坐没有什么好玩的，嗯，看来答案很明显了。

我于是开门见山："胖达啊，看上哪家的姑娘啦？"

胖达冲我嘿嘿一笑，继续呼哧呼哧地仰卧起坐。

阿犬像个猴子一样走过去拿起胖达手机翻起来："有没有照片？我帮你鉴定鉴定。"

"叫什么名字呀？"我继续穷追不舍。

胖达不吭声。二冬却狡诈地笑了："我发现胖达最近

你是我幻想过的远方，不灭星光

跟唐棋同学好像挺有话聊哦。"

我和阿犬顿时转眼看二冬，期待听到更多的爆料。二冬却抿着嘴笑，没再说下去。但"唐棋"这个名字我倒是有点熟悉，看着二冬猥琐的笑容，我想了起来，二冬和胖达都是新闻部的社员，唐棋是他们的副部长，胖达曾经提起过她几次。

"是她啊。"我和阿犬相视点了点头，望向胖达。

胖达憨憨一笑，算是承认了。

我向胖达投去鼓励的目光："那你加油。"

胖达做完仰卧起坐又吊在床边做引体向上，做完引体向上又开始举不知从哪儿借来的哑铃。看来胖达接近"女神"的第一步是健身。看着胖达充满干劲儿的样子，我不禁感叹，什么狗屁意念减肥法，爱情才是最伟大的力量。

这时我发现阳台上的盆栽里不知什么时候生出了一朵小野花，看来春天果然是个万物发骚……不，万物复苏的季节。

3

因为唐棋，胖达的生活开始发生了变化，不，应该是变异。本来胖达看的漫画是《灌篮高手》和《热血高校》之类，追的剧是黑镜和行尸走肉，变异后的胖达却看起了好想告诉你和来自星星的都教授，他说唐棋也在看，他要和她有更多的共同话题。于是当我每天回到寝室看到胖达一副少女心荡漾的样子，都无比担心胖达从此走上不归的"弯"路。

有一天，当胖达正在寝室抠着脚丫看《来自星星的你》最后一集的时候，他接到了一个有如从天而降般的来电。没错，"从天而降"——这是胖达自己的比喻。

电话的内容总结起来只有一句话：唐棋约胖达一起跑步，时间是今晚。

我敢保证胖达绝对不知道《来自星星的你》最后一集讲的是什么，尽管他为了消磨时间反复反复又反复地看了三遍。

胖达吃完饭后早早洗了澡，然后把他的衣柜翻了个遍，弄得好像被小偷洗劫过一样，终于挑出了一条最干净的衬衫，一条最合身的卡其裤。当胖达换上衣服，像个小姑娘一样在镜子面前转来转去的时候，我从电脑屏幕转过视线看了他一眼，问："她约你干吗？"

"跑步啊。"胖达说。

我用目光从上到下扫视了胖达一遍："你怎么不系根领带？"

胖达脸都红了，恍然大悟，心有不甘地换上了T恤短裤运动鞋，屁颠儿屁颠儿地出门了。

"唉。"我看着胖达的背影，叹了口气。

4

胖达回来后，我们迫不及待地逼问他进展。胖达却说，他们一晚上都在跑步，一句话也没有说。

我们当然不信，拿起拖鞋架着他脖子：

"一晚上都在跑步？"胖达点头。

"不用歇会儿？没有坐下来静静看着对方一切尽在不言中？"胖达点头。

"没有手牵手一起走？没有狂蜂浪蝶入花丛？"胖达翻了个白眼，点头。

"呆子，你就不会主动找话？比如你今天的裙子挺好看之类的。"

胖达摇头："她穿的是裤子。"

"哦，也是……那她到底约你干吗？"

"跑步啊。"胖达说，"我觉得……还挺浪漫的啊。"

我们三个人的脸顿时变成了哈士奇。

5

也许是胖达跑完步后冲了冷水澡的缘故，第二天他就得了重感冒。胖达翘了一天的课在床上躺尸，他说手脚无力所以今天就不做减肥运动了，明天再补回来。

到了晚上我出门吃饭，问胖达要不要帮他带饭，胖达说不用了，他自己去吃，因为今晚部门要开会。我知道胖达是想去见唐棋，但看在他生病的份儿上没揭穿他。

胖达开完会回来，病居然好了很多，他一连做了好几十个仰卧起坐和引体向上。胖达说他见到唐棋了，她今晚穿了一双新的小皮鞋，看起来特别可爱。唐棋知道胖达生了病还叫他多点休息，部门的工作暂时放下或者让别人做也行。胖达说这些话的时候眉飞色舞，神采奕奕，一点儿也没有白天病入膏肓的样子。

我于是发现，原来爱情不仅是减肥药，还是感冒药。

6

药一般都是苦的。

《来自星星的你》播出后，都教授在中国混得风生水起，由他代言的广告充满了电视、网络和地铁站。有一次，本地一个电视台放出风声说都教授将受邀来到本市举行见面会。胖达知道消息后第一个告诉了唐棋。

唐棋说，我知道了，可是肯定抢不到门票吧。

胖达拍拍胸膛说，我帮你抢。

见面会门票发售当天，胖达一早就守在了电脑前。11点57分，胖达看着北京时间读秒。12点整，门票开售，胖达开始狂点鼠标和F5键：立即购买，乱码，刷新，立即购买，乱码，刷新，立即购买……直到他鼠标左键的温度快要达到着火点时，网页终于出现了转跳：加载中，加载中，加载中……胖达紧张得就要停止了呼吸，这时两个血红的大字映在他眼里：售罄。

胖达气得一拍桌子，却不小心撞到硬处，痛得哇哇直叫。

本来胖达跟我们寝室仨人一人借了二百块，计划抢两张门票跟唐棋一起去看见面会的，没想到竞争如此激烈。但胖达却还没放弃，他走遍了认识的人的寝室，问遍了可以问的人，还在校内网站上发帖求购，功夫不负有心人……就怪了，胖达还是一张票也拿不到。

胖达只好沮丧地告诉唐棋："很抱歉，没能帮你抢到票。"

唐棋却说："没关系，谢你啦，有人给了我一张。"

胖达目瞪口呆。

知道这件事，我对胖达说："你也别难过，东家不打打西家，此处不留爷自有留爷处，是不？"

胖达看着我，一脸"什么鬼"的表情，又说："我一定要拿到一张票，和她一起去看都教授！"

我鄙夷地看着他，这小子真是没救了。

但没想到，踏破铁鞋无觅处，得来全不费工夫。见面会前一天，一张门票突然"从天而降"地来到了胖达手中。

门票是隔壁寝室一个艺术学院的男生的，他因为在那个电视台实习过的关系，拿到了两张门票，其中一张送人了，而他因为家里临时有事要回去，就把自己那张给了胖达。但是，虽然我们和他住在隔壁但相交甚浅，所以他给出门票自然是有条件的。他们专业课的期末作业是拍一部微电影，正愁找不到男二号，他见胖达形象适合想让胖达出演。胖达求票心切，想也没想就答应了。后来我们知道男二号是个一无是处的奸角，劝胖达反悔，胖达却说，反正是演戏，便不顾形象地出镜了，这些都是后话。

胖达拿到票，像个小学生在路边捡了一百块那么高兴。他穿上他的衬衫和卡其裤，在镜子前转来转去，还问我："你说我要不要系个领带或者蝴蝶结？"我懒得理会他，他便没趣地整理自己的衣着，又继续在寝室里蹦跶起来。

这时我以为胖达的故事就要以"从此王子和公主过上了幸福的生活"结束了。

可惜不是。

7

第二天，我吃饭回来发现胖达还躺在床上，惊讶地问："你不是去看都教授吗？"

胖达不应，只翻了翻身。

"喂。"我敲了敲他的床。

胖达又翻回来，我看着他一副死了旺财的样子，就问："干吗不去？"

胖达嘴巴张了张，过了一会儿才说："她说有个室友想跟她一起去，我就把票给她了。"

那一万匹羊驼再次在我脑海里奔腾不止。

我一下子不知说什么好。

胖达直挺挺地躺在床上看着天花板，看了好久好久，突然叫我："浩哥。"

"嗯？"

胖达看着我，似乎是哀求的表情："我快受不了了，我想跟她表白……"

我想了想，说："嗯，你加油。"

8

于是胖达表白了。

幸好，依胖达的个性，表白就是表白，不会做出宿舍楼下摆爱心蜡烛弹吉他唱情歌读情诗这些惊人的举动。不然他一定丢脸到家了。

这一次，胖达约了唐棋出来跑步。本来唐棋是说有事改天的，但胖达说有件比较重要的事要跟她说，所以唐棋还是赴约了。

两个人跑到一半，胖达终于鼓起勇气跟唐棋表明了自己的心意。

唐棋听完后说，不好意思我一直当你是好朋友。

真是老套的拒绝方式。

胖达也没纠缠，沉默了一会儿，说："我明白了，回去吧。"

两个人便往回走，走了一会儿唐棋说："对了，上次你送我的票，我还你钱吧。"

胖达说，不用了。

就这样。Over。

回到寝室，胖达一个人默默在阳台站了好久，虽然我不担心他会轻生，但对面就是女生宿舍，胖达这样很容易引起误会，于是我去安慰他："胖达，说实话，我觉得唐棋……也没有那么好啊。"

胖达不说话。

"等明年我们升上大二，马上就有一大波师妹袭来，到时候还不任君选择，是吧，嘿嘿。"

胖达还不说话。

"最多请你吃麻辣烫好了。"

胖达缓缓抬起头看我，过了一会儿说："走。"

我不禁在心里骂道：活该你胖一辈子！

9

吃麻辣烫的时候，从来不吃辣的胖达选了超级辣。

胖达一边不断地吃，一边眼泪鼻涕糊了一脸。真是恶心极了。

吃到最后，胖达还打了一个很响的饱嗝，说："好饱。"

"饱到连自己叫什么都忘了。"

我告诉他："你叫高明达。"

10

后来我们就大二了。

迎新的时候胖达没去，我跟他说有个妹子长得非常清新脱俗，胖达却丝毫不为所动，这让我很没趣。

胖达从新闻社退出了，我混进了公关部，混了半年部长突然退团，我一不小心被推举为新部长，从此可以不要脸地跟部门的女生搭讪。不过我的目的很单纯，就是单纯的聊聊天而已，信不信由你。

有一次，一个叫小惠的女生跟我分享她听到的八卦：某师姐善于发展备胎，她对备胎的掌控能力可谓"运筹帷幄之中，决胜千里之外"。而且备胎们都不知道她有个男朋友，她则无条件接受备胎们的殷勤，照她本人说的话是：免费的午餐，不吃多浪费。有一次，她把要发给男朋友的甜蜜短信错发给了备胎A，备胎A兴奋不已到她宿舍楼下浪漫告白，她却下楼在众目睽睽之下甩了备胎A一个耳光，并当面把他的一切联系方式拉入黑名单。

我听了简直惊为天人，问她叫什么？小惠想了想说，好像叫唐棋。

我一愣，旋即笑得前仰后合。

小惠一脸不明所以。

然后我说：小惠啊，我介绍一个胖子给你认识。

他是一个善良的胖子啊。

莫小夕的细胞记忆不更新

冬暖夏

开学那天，太阳特别的毒辣。看着密密麻麻的人头，我把背上的背包扔到树荫下，靠着树就地坐了下来。

他就是那时候出现的。挽着个很漂亮的女生，撑着伞从我面前说笑着走过。我连脸上的汗都还没来得及抹就跑过去拉住他。

他诧异地回头，看到我时眉头皱了皱。是了，现在的我披头散发，满脸的汗水，估摸着还有两坨高原红，和他身边漂亮精致的女生比起来，狼狈得像个野丫头。

"不好意思，请问能带我去教务处吗？我刚刚报到，不认识路。"我指了指树下的背包，笑得一脸真诚。

"原来是新来的小学妹啊。"站在他旁边的女生笑了笑，"那盛苏你帮帮她。"

他轻轻笑了笑，把手中的伞递给女生，"那你先去，我随后就到。"

等到女生走远后，他才默默地走过去背起我的背包，头也不回地往前走。我也不恼，静静地跟在他身后。

走着走着，他就停了下来，微微侧过的脸被金色的光线勾勒得无比好看。

莫小夕，你闹够了没有？我听到他这样说。

1

盛苏第一次看到我的时候，我正从围墙上跳下来。

"名字。"戴着红袖章的他拿着本子，握着笔的手能看清青色的血管，有种变态的美感。

"齐兰。"盯着他胸前的学生名牌我眨眨眼睛，还不忘把手中的包子啃掉。

他的睫毛颤了颤，"学生证。"

我低下头，拼命挤出两滴眼泪，"学长，我错了。我保证明天绝对不睡懒觉！"

他顿了顿，接着在本子上画了几笔，默不作声地转身走了。倒是让我愣了好久，直到上课铃响才慌忙跑了起来。

刚刚下课我就跑到了高三（2）班，在喧闹的教室中看到了他，"学长，我请你吃饭怎么样？"

他从成堆的课本中抬起头，整张脸显得很迷茫，直到听到周围的哄笑声，他才慢慢悠悠地起身，目不斜视地从我旁边走过。

我有些急了，拉住了他的衣袖，天知道我鼓起多大的勇气才敢说出那句话。

"嗯？"他回头不解地看着我。

"我……"在越来越大的哄笑声中，我的脸也越来越红，"我请你吃饭！"

他忽而就笑了，俯下身和我平视，"谁请我吃饭？是齐兰还是莫小夕？"

我愣了，原来他知道那时候我说谎了。不过是了，他不可能不知道我。中考第一名进来，却从开学起天天迟到的莫小夕，早已在每周的升旗仪式被批评得体无完肤，奇葩学霸的名号也传遍了全校，说起来也算是风云人物呢。

这是我到二中的第三周，共迟到十五次，被记录十四次。唯一没被记的，就是遇到他。

怎么说他这个人呢。有点儿好，有点儿俊秀，我有点儿，嗯，喜欢他。其实我是故意迟到的。知道他是学生会的，但是又不知道他确切的检查时间，所以我灵光的脑子想了个最不灵光的办法，守株待兔！

事实证明确实很有用啊，第三周我就等到了他！虽然过程有点儿狗血。

2

　　第二天上课的时候，我自然是没迟到了。但是我昨天的壮举已经传遍了学校，每个看到我的人都扬着或嘲笑或同情的表情。更有好事者告诉我盛苏的理想型所需要具备的条件。

　　"他喜欢可爱的女孩子。"

　　我看了看别在我书包上的卡通胸章，额，也能勉强算可爱吧。

　　"文文静静的不怎么说话。"

　　其实如果不是面对他，我真的也是个安静的美女子。

　　"他喜欢的人，名字必须叫苏秋末。"

　　其实我妈姓苏，不知道现在改名还来不来得及？

　　体育课的时候我特地绕道走到他所在的班级。高三的时光可以说是水深火热，盛苏安静地靠在课桌上，正在打瞌睡！虽然与正在黑板上飞舞的粉笔略微不协调，但是还是无损他的美貌！

　　就在这时，窗边的学姐看到我了，她偷偷抿嘴笑了笑，拍了拍她的同桌，接着她的同桌也看到了我，也是笑了笑，接着拍了另一个人。拍着拍着，就拍到了盛苏。

　　他先是不耐烦地蹭了蹭桌子，然后才揉着头发抬起头，他同桌又拍了拍他示意看窗边。他就机械地转过了

你是我幻想过的远方，不灭星光

头。

我笑得特别灿烂地对他挥舞着手，谁知他刚刚看到我就马上把脸转过去了，还和同学说了句什么又趴下去继续睡。

我撇撇嘴，刚想转身走，他又突然起身了，和老师说了些什么走了出来。

金色的阳光打在他身上，像极了突然降临人间的天神，当时我的全身都僵硬了，全部的细胞都在叫喧着，他来了！

然后他果真来了，红着脸向我走来，接着快速跑过我，目标直指卫生间……

放学了我跟在他的身后，细细踩着他的影子，直到走了很远很远，他回头了，白净的脸上有着淡淡的红晕，"莫小夕，放学了赶快回家，别在外面瞎转悠。"

"没有瞎转悠啊。"我跳着过去把手中的塑料袋挂到他的单车上，"我就想跟在你后面走。"

他的脸更红了，"快回家吧。"

说完，他就骑着车走了。我看着他一点一点地离开我的视线，眼泪就像不要钱似的掉下来，也不知道是不是抽风了，我就挂着满脸的泪追着他跑了起来。

终于，他停了下来，眉头紧锁地看着我，"莫小夕，你知不知道你在做什么！"

我点点头，"追我喜欢的人。"

他笑了下，似是缀满了星星的眼睛亮闪闪的，"不是追着喊着就是喜欢啊。"

我愣愣地看着他转身，看着他消失在视线中。我很想说，我不只是追着喊着而已。可是那些话卡在脖子里怎么也说不出来。

我要怎么告诉他，从那个冬天起，盛苏这个人，就深深地刻在了莫小夕的细胞记忆里，从此再也没有更新换代了。

3

那是初三那年冬天发生的事。和同学约好了去新开的火锅店吃晚餐。我就是那时候看到他的。额，准确地说是他的照片。

笑得温暖的他的大幅照片放在火锅店里。老板娘说这是她儿子，最近流行什么代言人，她就悄悄放大了儿子的照片，用来当宣传照片。

从那以后，我就经常不自觉地路过那家火锅店。有一天他真的出现了！穿着笔挺的藏蓝色大衣从店里出来。

他走得很慢，在厚厚的雪中踏出了一个个脚印。我就小心翼翼地踏上他所走的每一个脚印。明明落在脸上的雪很凉，但我的心却奇异地很温暖，整张脸都红了起来。大概，这就是幸福的感觉吧。

到门外有棵绿油油大树的古朴小院时，他走了进去。我鬼使神差地就记下了门牌号。

那天起，我都早早守在他家门口。走他走过的路，吃他吃过的东西。每做一件事，我都写在了彩纸上，折成颗星星，想着以后认识了就送给他。

可是中间也有中断的时候。

就是苏秋末出现的时候。她是个文文静静的女生。在盛苏和她说笑话时，她也只是很秀气地把嘴角弯起个小弧度。

那段时间我没有再去看他了，折星星也断了。他都有喜欢的人了，我就安静地喜欢他好了，虽然心里酸涩涩的，有点疼。

周末做完作业，我看着窗外的雪在发呆，不知怎么就想起了那天踩着他脚步踏雪的情景，心里就有个声音不停叫嚣着：去看看！

于是我就去了。笨手笨脚地爬上那棵绿油油的树。靠在有些冰凉的树干上，我用围巾把脸围得严严实实的，眯着眼睛看了好久，才发现他家门窗都关得紧紧的，这时心里那点叫嚣也平息下来了，正好可以打道回府。

可是就在我准备下树的时候，突然蹿出只狗对着我狂吠！我紧张极了，虽然没听说狗会爬树，但是万一他家的狗与众不同，会爬树呢！

"花花？"伴随着熟悉的声音，门开了。

我一眼就看到了他，当然，他随着花花狂吠的方向，也看到了我。

他的眉毛皱了皱，"你……"

"我是路过的！"生怕他认为我是什么不法之徒，我赶紧表明我的立场，"我的手套被吹到树上了！"

他讶异地看了看树，又看了看我，"你找到了吗？"

鉴于他根本看不到我的脸，我就大力点点头，找到了找到了，这不你出来让我见了吗！但估计由于点头太过用力，导致重心不稳，我从树上摔了下来。

不过还好这树不算高！听到院门开的声音，我赶紧把散开的围巾拉好，把脸包起来。

他看来有些着急，急急地就跑了过来，"不要动，我马上打120。"

我丧心病狂地看着近在咫尺的他，果然近看更好看，声音更动听，仿佛身上那点疼都烟消云散了。"小事！不要紧张。"

救护车来的时候，他的脸才缓和过来。我看了看撑在我头上的伞，觉得暖暖的。在被抬上担架的时候，我对着他摇了摇手，"恩人，你叫什么啊？"

他帮我把搭在身上的毛毯盖好，嘴角扬起抹笑，"盛苏。"

盛苏盛苏……在我陷入黑暗前，这个名字就像有魔力似的消去了我的疼痛，不过，下次真的不爬树了！摔下来真疼！

4

距离那次摔下来已经过去好几个月了。我揉了揉还有些发紫的手腕。那次是我最后一次见盛苏，再见就是昨天的翻围墙了。

有些气馁地蹲下身。我刚刚是不是应该更文艺点把星星盒给他啊，就用那么个塑料袋，万一他以为是垃圾丢掉了呢！

还有啊，他认为我是小女生，那折纸这种复古的女生小玩意，他岂不是更觉得我是小女生了？想着想着我就觉得我刚才的行为真是太愚蠢了！

"莫小夕。"突然我的面前出现个阴影。

我抬起头，就看到逆光的他站在我面前，神情特别忧伤地看着我。

我有些激动地起身，就看到挂在他单车上的袋子不见了。心一下从云霄跌到尘埃，"袋子呢？"

"莫小夕，你到底想做什么？"他无视掉我的问题，直直地看着我。

我也抛掉那个问题，特别认真地开口，"我想你也喜欢我。"

"你还那么小。"他笑了笑，"等你大了就知道，你的这种喜欢太单薄。别闹了，快回家，我送你。"

我低下头，说得他好像很老似的，明明还是个会在上课的时候打瞌睡的高中生，说话就那么像老学究。但是他送我回家哎，想着心情就像飞起来似的。

时间就像追剧，开始的时候你会觉得很慢，等剧完结了，你才捶胸顿足，怎么那么快就结束了！我的时间也一样，就在追逐盛苏的闹剧中零落成泥。明明我刚追到他的学校，他却马上就要离开了。

晚自习的时候，我收到条短信：小学妹，我们班在操场有毕业聚会。

我不认识这个号码，但是我笃定这是盛苏班上的人发过来的！喊同桌帮我掩饰下，我就捂着肚子和老师请假了。

操场上密密麻麻的都是人。她们或伤感地道别或高兴地畅想着未来。我找啊找，终于在角落看到了他。

他们班正在放烟火，漂亮的烟花盛开出一地的璀璨。他就那么安静地站在那里，嘴角有着小小的弧度。我刚想上前和他说些什么。就有个女生凑上去在他脸上亲了口。

他愣住了，我也愣住了。那个女生我是认识的，苏秋末。

苏秋末红着脸，正在和他说着什么。我瞬间就暴怒了，走过去一把推开她。大概是愤怒的力量有着特别的战斗技巧，她被推倒在了地上。

你是我幻想过的远方，不灭星光

周围都安静了下来，有几个女生去把她扶了起来。

"她，明明有男朋友！"我指着她，整个人抖得犹如秋天最后片落叶，"我看到了，她在骗你，盛苏！"

他皱着眉，正当我以为他不相信，准备把拍到的照片给他看时，他开口了，"莫小夕。你不上课在外面瞎转悠什么？"

我想过无数种他会有的表现，却唯独没想到这种，"你是不是受刺激大了？"

他笑了笑，走过来提拉着我的领子就把我往后拉，"你们先玩，我把她押回去上课。"

顿时周围的人都笑了出来，我的脸窘得通红，那滔天的怒火早就不见了，我想扒拉开他的手，"别把我当小孩儿啊！"

他一路都不语，直到走到小花园，他才放开了手。我还没来得及停下步子，就撞到了他背上。

"你不会真的受刺激傻了吧？"我揉着头走到他面前。

"这里。"他弯下身和我平视，指着刚刚被苏秋末亲过的地方，"消毒吧。"

如果刚才我觉得像被雷劈了，现在就觉得像被雷劈了两道！我仔细琢磨着消毒的意思，有些不确定地看着他，是我所理解的那个意思吗？

在我的注视下，他的脸慢慢红了，但还是用手指着那个地方。不过仔细看，他的手有些微的颤抖。

就当是那个意思！我拍了拍心口给自己壮胆，踮起脚轻轻亲上那个地方。

消毒！成功！

5

从回忆里抽离出来，我看着皱着眉看我的盛苏，“我没有闹啊。”

“你怎么可能考那么低的分！”他的手握得很紧，青色的血管像要爆出来。

我不在乎地把录取通知书抽出来，“我考了全市第一啊。”

他不说话了，叹了口气后默默转身，“你在这里坐着，我去帮你办。”

我看了看凉风习习的凉亭，笑着跑上去，“不要，我已经两年没看到你了！一定要好好补回来！”

他顿了顿，“莫小夕，你十八岁了。以后要为自己的事负责。”

我点点头，当然啊，我就算不是十八岁，也是个有责任心的好学生！

有他带着，整个入学手续办得很顺利。还没到日落西山，他就已经把我送到了宿舍门口。想着下午那个女生，我拦在他面前，"学长，我要好好谢谢你啊，请你吃晚饭吧！"

他抬起手看了看时间，随即摇摇头，"我还有事。"

就是知道你有事啊！我苦着脸看他往前走，突然灵机一动捂住肚子倒在地上，整个人像脱水似的。

他果然上当了，又是摸额头又是背起我，"都说那么热，喊你不要跟着瞎跑。"

我趴在他身上，满足地闭上眼睛。等再次睁眼的时候，入目的是滴着药水的吊瓶。我迷茫地看了下，窗外已经黑了，盛苏也不见了，手上还插着输液管。我还真的脱水了！

这时门被轻轻推开，一张笑脸看着我，"小学妹你醒了！"

我垮着脸，这不是那个盛苏帮着撑伞的女生嘛，"我讨厌你。"

"我知道啊。"她提着保温盒进来，毫不在意地坐在我旁边，一边盛汤一边开口，"你可不知道下午你看我那个眼神，简直像要把我吞掉。"

"你记着！你要是对学长不好，我是会把他抢回来的！我是他永远的后盾！"

她笑着把汤碗递到我面前，从兜里掏出手机，把屏保调给我看，是她和一个男生的大头照，"我正牌可在这儿呢，别诋毁我声誉啊。对了，我叫徐曼。"

我呆呆地接过汤碗，有些反应不过来。

"不过刚开学的时候，我还是追过他的。"徐曼撑着下巴晃了晃，"可惜神女有梦，襄王无心呐。他说他要等他家的小丫头长大。"

"徐曼，别胡说。"他推门走了进来，手里还端着冒着热气的虾米馄饨。

"都自己买了馄饨，还一定要我去买锅鸡汤，真是……"徐曼摇摇头，优雅地起身，"我就不当电灯泡了。"

等她出去后，房间一片寂静。我整个人像被电击似的，完全不敢相信。

他走过来，温柔地替我披了披被子，一如那年我被抬上担架时的模样，"先喝点鸡汤，再吃馄饨。"

我掐了掐脸，果然没有疼……难道真是做梦？

"是真的。"他舀了勺汤递到我嘴边，"我喜欢你。"

各种告白，我在电视上小说里都看了无数种，无论是浪漫的，搞笑的，激动人心的都有，可是唯独没看到这种那么淡然的，就像说你该吃药了一样。

"学长……"

"莫小夕，你十八岁了，所以你现在说的话，我都会当真。如果你后悔，现在还来得及。"他把汤喂到我嘴里，见我傻傻的样子，又笑了，"货物出门，概不退还。"

我摇摇头，激动地拉住他的手，眼泪啪嗒啪嗒往下掉，"学长！你可以当真的，我喜欢你，很早很早就喜欢了。"

他轻轻抹掉我的眼泪，倾身抱住我，"我也很早很早，就喜欢你了。"

尾 声

盛苏第一次见到莫小夕的时候，是个下雪天。他从火锅店出来后，那个小女生跟在他身后他是知道的。

他也挺好奇她跟着他做什么，可是到家后，她就不见了。他还以为是他想多了。可是之后的很多天，他都发现了她，一直跟他到学校后，她才会离开。于是他想不行啊，这样多影响她的学习，于是他找了苏秋末演了几天的戏。她果然之后都没再出现了，结果他竟然还有了些微的失落感。不过没过多久，她又来了。这次是上树了，还摔了下去，弄得他又担心又好笑。但是无法否认，他心里是有些雀跃的。

那次的围墙查岗，他是故意的。开始的时候他就知道她叫莫小夕了，那么逆天的学霸进校开始本就是焦点，更何况他还密切关注着她。

她送的那些星星的密码他也破解了，现在正叠得整整齐齐地放在他枕头下。还有毕业晚会那个短信，是他发的。他没有想过他们会有以后，他觉得她还太小，对他的喜欢太单薄，等她长大了，或许就不会喜欢他了，所以他想好好和她告别。

在大学校园里再一次看到她时，他是惊讶的，更多的却是欣喜。所以这一次，他不会再放手了。

你是我幻想过的远方，不灭星光

青 漠

"如果历经千辛万苦，努力去让另一个人喜欢你，那真是白费力气，就算在一起了，也毫无滋味。"

林文曦对我说这话那年是我们大一的冬天，距离他和余萌萌在一起还不到半年的光景。

那会儿我的电脑里还在放着当时最喜欢的歌手房东的猫的《简情歌》。

"你是我曾幻想的远方，不灭星光，在黑夜之中，不会迷失方向。你是我最坚定的一场，不复以往，在时间尽头，拥有你的快乐悲伤。"

毫不夸张地说，过去的四年里，余萌萌就是林文曦追逐远方路上的不灭星光，一颦一蹙间牵动着他的快乐悲伤。

1

初次知道林文曦喜欢余萌萌那会儿我们刚上高一，我去隔壁尖子班借来他的生物笔记打算给自己补补课，谁知道翻开第一页就把我逗得差点喷出刚喝进嘴里的西瓜汁。

这个平时看起来没心没肺宛如糙汉子的林文曦竟然用他那歪瓜裂枣的字在扉页上写着"情不知所起，一往而深"，摸摸背面凹凸不平的痕迹就可想而知他的力道之重用情之深呐。

在我们初中那个全民选校草迷恋美少年的时代，小眼睛的林文曦可是少有的不以外貌出名的风云人物。

用我基友的话来说，就是独特的人格魅力。

初二那年夏天，在我们都受不了班上男生每天脏兮兮的校服和满身汗味儿时，放眼望去只有林文曦一个男生是清清爽爽的。

后来他自己都受不了男同胞身上泛黄的校服了，就在德育课上大侃特侃，天花乱坠地从个人卫生对自己外形的影响讲到对未来职业道路的阻碍，唬得班上一众小男孩们开始天天洗澡换衣服，成了女生们眼中的大功臣。

说起来，初三的下学期他还代表学校获得了一枚省跆拳道比赛的金牌，这对于我们被说成只能靠成绩取胜的学校来讲可是莫大的荣誉。

二班的班花姑娘像所有暗恋着心中翩翩少年的女孩儿们一样，在林文曦踢完足球后满脸甜笑着递上去一瓶可乐外加雪白的毛巾，每周来学校都要带一盒自己做的寿司从门后拜托我们传给他。

可榆木脑袋的林文曦就是只会眯着小眼睛傻笑，班花姑娘煞费苦心做给他的食物瞬间被我们这群狐朋狗友瓜分干净。

林文曦二班的兄弟总是开玩笑着一拳头砸在他的肩头："你是不是傻？人家姑娘是我们班多少男生的女神，你这小子还倔得很。"

那时候大家都只当林文曦不开窍，可谁都不知道他心中早有挂念的姑娘，甚至那吸引了一众迷妹的跆拳道也是为她而学。

2

"苏果，来来来。"我还在回忆林文曦这小子初中的事儿，就被他像唤小狗一样叫了出去。

"萌萌下午没吃饭，你帮我把这个给她送去吧。"

林文曦一脸谄媚地看着我，把一个大白形状的哈根达斯冰淇淋蛋糕塞到我怀里。

当时我的嘴真的是张得可以塞进一个苹果了，在我们这所戒备森严的军事化封闭式管理的学校，想要出校门可并非易事啊，更何况哈根达斯还开在几十分钟车程外的市中心。

在我极其"严厉"的注视礼中，他终于肯说详情了。

"我……我从班主任办公桌上拿的……"

"你是不是蠢？你们班主任又不是白痴！"

"哎呀今天萌萌十六岁生日啊！快去快去！别废话了！"

这天开始林文曦才对我讲他和余萌萌的事情。

初三时林文曦和余萌萌是年少时期最容易产生朦胧感情的同桌，但他们可不像耿耿余淮那样连周围的空气都冒着粉色泡泡。

余萌萌是人不如其名的典型代表，顶着软妹子的名字却是货真价实的大姐大，连班里的男生都叫她余姐。

和林文曦坐同桌的那段时间，余萌萌经常颐指气使地指使林文曦去给她买零食，替她接热水，帮她收作业，把林文曦压迫得像个小媳妇儿。

彼时的余萌萌和高中部的一个学长在一起，男生是艺术节上火遍全校的架子鼓手，据说给他递情书的女生从我们校本部的小学六年级排到了高三。

这样的男神唯独钟情于与众不同的女汉子余萌萌，且三下五除二的工夫就得到了心爱姑娘的芳心。而学长终究是踏过高中这条线的人，思想各方面自然和刚满十五岁的余萌萌有着巨大的差异，争吵总是在所难免。

　　余萌萌在又一次争吵后的活动课趴在桌子上低声呜咽，恰好被刚刚踢球回来的林文曦撞了个正着。

　　青春期的男孩子荷尔蒙分泌正旺，无意中看见平时大大咧咧的余萌萌如此脆弱的一面，林文曦心中那股保护欲腾然而起，这一下就纠缠了他四年。

3

　　初三的林文曦可以按捺住胸口那颗怦怦直跳的心，只是更加任劳任怨心甘情愿地接受余萌萌的压迫。余萌萌自幼学习跆拳道，早已到了黑段的程度，为了能有些共同话题，林文曦特意在大家都奋力冲刺中考这年争分夺秒地学习，只为有充足的课余时间去学学跆拳道。

　　完全投入学习与跆拳道的他把余萌萌当作不灭的星光，幻想着有朝一日拿着闪光的成绩站在余萌萌面前去表明自己的一腔情愫。学长在他眼里就像是一个空有一副皮囊的小白脸，根本不放在眼里。

　　跆拳道与对余萌萌的暗恋给足了林文曦拼尽全力的勇气，高一这年他成功升上了本校高中部的尖子班，跆拳道精神所带给他的一身精气神与男子气概让他愈发成为一个有魅力的男生，可如此优秀的男生，也只倾慕于余萌萌一人。

　　"我……表白了……她……拒绝了……"

送完蛋糕的我刚回来就被林文曦这话吓了一个趔趄，我就说，刚刚余萌萌接过蛋糕时候满脸的神色复杂欲言又止。

"这就是你在笔记本上写那句让我浑身起鸡皮疙瘩的话的原因？"

"诶嘿嘿……"林文曦又只剩下傻笑了。

原来余萌萌前不久刚和学长分手，日益频繁的争吵让他们彼此之间的感情快要消磨殆尽。林文曦也并非想要乘虚而入，只是想要在余萌萌最难挨的时候给她点温暖。

被拒绝的林文曦丝毫没有挫败掉勇气，反而更加坦荡荡地追起了余萌萌。

4

林文曦开始频繁地出现在余萌萌的生活里，像是一个披着铠甲的骑士般守护着自己的公主。

高二伊始，身为理科生的林文曦更是为了给文科生余萌萌补课而向我借走了一厚沓文综资料。我推门走进余萌萌班递历史老师交给我的作业时看见林文曦弯腰趴在余萌萌桌旁细心讲解各个知识点时真是既震撼又感动。

余萌萌地理不好，一直被我嘲笑手残的林文曦竟然像模像样地亲笔画了一幅世界地图，各个国家代表性的农业工业也被他用彩色笔画了出来。

那天没有洒满教室的阳光，但我总觉得那时的林文曦脸上笼罩着一层温柔的光，像极了秋日里暖阳穿过云朵洒满落叶的样子。

余萌萌开始跟着林文曦出入成对，在理科特优班忙得像陀螺一样的林文曦依旧碾压着自己的学习时间，把一本本文综知识总结归纳，将一页页写得脉络清晰的提纲拿给余萌萌。

林文曦偶尔踢球时有余萌萌在旁边安静地等候，她不像曾经那个二班班花一样又跳又叫着给林文曦加油助威，只是淡淡的微笑，一副岁月静好的模样。

周末余萌萌也会跟着林文曦去河堤散步，去游乐场玩疯狂的过山车。林文曦拍了好多的照片，每一张里的余萌萌不是最美的样子，却是笑得最开怀的。

"说吧你小子，是不是追到手了，太不够意思了，竟然没告诉我。"我捧着一大包薯片边吃边给林文曦甩白眼，林文曦却只是无奈地向我摇头。

"苏果，我还是……还是觉得她现在不是真的快乐。"

5

高三前的最后一次考试定在六月初，毕业生们高考过后我们便是新高三，学校会根据考试成绩重新划分班级，此次考试的受重视程度可想而知。

考试前一天晚上我还在布置考场，余萌萌的身影就出现在了门外的蒙蒙夜色里。

从心底里讲我不太喜欢余萌萌，不是因为林文曦喜欢她，而是由于她对林文曦的不拒绝。自初中起我对追求自己的男孩子的态度便是只要没有好感，那就一定要清楚地拒绝，不要把别人当备胎。

林文曦便是所有人眼中余萌萌的备胎。

"苏果，麻烦你件事，林文曦在楼下等我，你可不可以帮我告诉他，我和阿昊重归于好了。"

重归……于好……了……

阿昊就是当初那个学长。

消息来得太过猛烈，我不知道林文曦能不能承受，而明天还有更为重要的考试，我不愿去影响他。可余萌萌的话着实让我不可思议，"阿昊说如果不告诉他，他就晚上打电话亲自说。"

我来不及给余萌萌甩一个白眼就往楼下跑，只听见嘈杂的走廊里，余萌萌响亮的"谢谢"二字如穿堂的风透过我的耳膜。

6

我已无法用我单薄的语言来描述那晚失魂落魄的林文

你是我幻想过的远方，不灭星光

曦，只是在那一刻明白了面如死灰四个字的真正含义。

知识只要学来了便无人能抢走这个道理也在第二天得到了最好的证明，原本就成绩优异的林文曦在此次考试里居然取得了年级第八名的成绩，毫无悬念成了本届的重点培养对象。

我不知道林文曦的心里究竟给余萌萌留了怎样的位置，只是此后的近乎一年里再也没有听他提起过这个名字。

十二年磨一剑，最后一年里的林文曦还是会偶尔站在走廊里趴在白色栏杆上跟我谈天说地，那些话题关乎高考、关乎未来、关乎时政热点，只是再也不关乎感情。

7

高考倏忽而过，林文曦如愿考去了北京一所重点大学。他在升学宴的前一天打电话给我，说有巨大的惊喜。第二天我踏入酒店大厅，看见的便是西装革履的林文曦与穿着鹅黄色小礼服的余萌萌手牵手站在一起。

真是如歌词所说，穿上西服的林文曦一副大人模样，而身着礼服的余萌萌也从大大咧咧的女汉子变成了依偎在他身旁的小姑娘。

"来来来苏果，承蒙这些年对鄙人的关照，吾幸得萌，汝功不可没。"林文曦装模作样着要跟我握手，满脸幸福洋溢。

原来高考过后的余萌萌再次和学长分手，她找到林文曦，说自己想通了，林文曦才是真正对她好的人。聪明了一世的林文曦也忘记了，真正的爱情哪里是一个人对另一个人好便能替代的。

林文曦带着余萌萌见了自己所有的家人，之后便一起去了云南旅行。终抱得美人归的林文曦无论如何都遮掩不住自己的喜悦，甚至自己规划了以后两个人家中的布局，还计划着要养一只哈士奇。

8

"那你们……后来为什么分手了？"虽心底有一个隐隐的答案，却依旧忍不住问出了口。

"就是不爱呗，这四年我做的事顶多是让她有些感动而已，但感动永远替代不了爱情。"

"其实也不怪她，还要感谢她愿意给我这个机会，至少我如愿过，为了这段感情努力过，输得心甘情愿，心服口服。"

大抵就如同林文曦所说，费尽心思去博得对方喜欢，历经千辛万苦穿越重重阻碍，哪怕在一起了可能也毫无滋味。

好的爱情该是彼此都无负担着发自肺腑轻松的模样，

谁都不必煞费苦心地去讨得另一人的欢心。有幸目睹林文曦这些年与余萌萌，不，其实是与自己的纠缠，恍然有些许觉悟。

　　未来是什么模样我们都还不清楚，林文曦啊，你一定还要继续大步去闯，总会有一个姑娘挽起你更加有力的臂膀，穿越冬夏春秋陪在你的身旁。

青春的故事不悲伤

欠了童小谦一个拥抱

张爱笛声

1

星期三中午放学后，童小谦照常去了学校对面的那家小饭馆吃午饭。那是一家很小的饭馆，做的都是家常菜，价格公道，老板也亲切，所以每天中午，饭馆里总是挤满了前来就餐的学生。

每天来来往往的学生非常多，可即便这样，饭馆的老板邓春德还是记住了童小谦。

童小谦是个短发的小女孩儿，十三四岁的年纪，文文静静，一双大大的眼睛却显得十分有灵气。来这里吃饭的学生都是三两成行，她不，她总是一个人。她喜欢坐在角落里，从十二点一直待到两点，而且令邓春德感到诧异的是，她每次来吃饭，点的都是同样一道菜：虾米炒蛋。她有时会跑到后厨，亲自看他做菜。邓春德做这道菜时，总是先把虾米用热水泡软，再打两个鸡蛋，搅拌、加点盐，再加点糖。倒油在锅里，放入鸡蛋，转一圈，起火。鸡蛋发出"滋滋"的声响，两分钟后，鸡蛋熟透出锅。再把泡软的虾米扔进锅炒熟，加入已炒熟的鸡蛋，翻炒，撒入葱花，一道虾米炒蛋就这样完成了。

童小谦觉得，邓春德撒葱花时的手势，炒鸡蛋时的动作，都像极了她记忆中的那个身影。

一点钟过后，生意就慢慢淡了，邓春德也就有空和童小谦闲聊几句。

童小谦问他，"你有几个孩子啊？是男的还是女的？"

邓春德憨厚地笑，"只有一个儿子，今年十六岁，念高二。"

"那你有女儿吗？有没有一个今年读初二，刚满十三岁的女儿？"童小谦仰着头又问道。

邓春德摆摆手，"小姑娘是不是有哪个同学跟我长得像才这么问？可我没有女儿啊，就只有一个儿子，那时候政策管得严，哪敢多生啊？"

"你真的没有女儿吗？"童小谦不依不饶。

"真的没有。"邓春德觉得眼前的小女孩儿真是倔强，"我有没有女儿我还会不知道？"

他看到童小谦眼眸里的光慢慢黯淡下去。

2

星期六，学生都放了假，生意淡了几分。邓春德坐在门口晒太阳，远远地看见童小谦朝他走过来。

"老板，给我下碗长寿面吧。"童小谦咧着嘴笑，露出一排洁白的牙齿。

"长寿面？小丫头你今天生日啊？"邓春德问。

"对啊。"童小谦望着邓春德，眼睛里满是期待，"你认识的人里有今天过生日的吗？"

"没有。"邓春德围上围裙，到厨房里去给童小谦做菜。不过十来分钟的时间，一碗长寿面就捧到了童小谦面前，童小谦看到，面上边还卧着两个可爱的荷包蛋。

"小姑娘又长大一岁了，以后可得更加懂事，好好学习，让父母骄傲啊。"邓春德慈爱地拍拍她的肩。

"我记得以前，每次我生日的时候，我爸爸也总是会给我下一碗长寿面，面上边也卧着两个荷包蛋，不过他还会给我在面的底下藏一个……"说着，童小谦用筷子去翻了一下面，她惊讶地发现，这碗面的下方竟也还藏着一个荷包蛋！

"哈哈。"邓春德笑着说，"你每次都点虾米炒蛋这道菜，我猜你一定很喜欢吃鸡蛋，就多打了两个，生日嘛，就该有点惊喜。"

童小谦低下头，慢慢地吃着这碗面。可是吃着吃着，泪水就掉到了面里，有点苦苦的味道。

吃过面后，童小谦一边掏钱一边说，"老板，你这一碗面是我吃过的最好吃的一碗面……"随即童小谦"哎呀"一声，"我出门着急忘了带钱了，身上只有十块钱，还要给奶奶买酱油呢……"

"没事，就当我请你吃的吧。"邓春德笑笑，就一碗面，他也不放在心上。更何况，他见童小谦总是两套校服轮着穿，朴朴素素的，一看就是个家境清贫但却乖巧懂事的女孩儿，他打心里挺喜欢这个小姑娘的。

"不行不行。"童小谦用餐巾纸擦擦嘴，笑着说，"星期一，我一定把钱还给你的。谢谢你哦，邓老板。"

3

"奶奶，我回来了。"童小谦手拎着酱油瓶，进门就高兴地说，"我买回了酱油，现在就给你炒菜，你先看看电视吧。"

这是一间不足三十平方米的房子，客厅里摆着一张床，床上躺着一个六十几岁的老人。病痛使她只能躺在床上，她的脸色苍白，双眸黯淡，只有见到童小谦的时候才会焕发些光彩。

"奶奶病得都糊涂了，才记起来今天是你的生日，来，奶奶给你钱去买个生日蛋糕吧。"奶奶挣扎着起身，从口袋里掏出钱来。

"不用啦。"童小谦狡黠一笑，"今天邓老板给我煮了一碗长寿面，面里还有三个荷包蛋，和我记忆中的味道一模一样。"

"你真的确定那开饭馆的邓老板是你爸爸吗？"奶奶叹了一口气，"如果是真的就好了，我走之后你也有个依靠。"

"说什么呢，奶奶。"童小谦赶快打断她的话，"奶奶你一定会好起来的，不许再说这样的话。"

童小谦扶奶奶坐了起来，祖孙俩围在饭桌前吃午饭。其实餐桌上只有一碟菜——素炒豆芽。饭菜虽简单，她们却吃得热气腾腾。

奶奶的病越来越严重了，虽然她极力掩饰，但童小谦却注意到，她拿着勺子的手一直在抖，怎么也握不好。

自从奶奶患病以来，她们就搬来了这个城市。奶奶说，她是在这里捡到童小谦的。

那时候童小谦才三岁，站在街市上一直在哭，从白天哭到晚上，奶奶见她可怜，带她回了家。此后的几天，陪着她一起又回到街市上等她的爸妈，可是一直都没有等到。奶奶知道，童小谦是被人遗弃了。自那以后，独居的奶奶就带着她一起生活，辗转几个城市为生活奔波，两个人相依为命，日子虽然清贫了些，却也快乐。

可是后来，奶奶患了病，身体一日不如一日。奶奶担心自己走了之后没有人照顾童小谦，就带着她回到当初见到她的这个城市，租了个小房子，努力寻找着她的父母。

童小谦被遗弃时只有三岁，对父母印象并不深。她只记得，爸爸似乎是位厨师，很喜欢做菜，他做的虾米炒蛋总喜欢在出锅前撒上一把葱花。

童小谦过生日时，能吃上一碗爸爸做的面，面的底下藏着一个荷包蛋。

童小谦找啊找，终于在一个饭馆里见到了她的"爸爸"。他做的虾米炒蛋还是和以前一样的味道，他做的长寿面还是有三个荷包蛋，两个在面上，一个在面底。

她觉得，邓春德就是她的爸爸。可是为什么他却说他从来都没有女儿只有一个儿子呢？

童小谦问奶奶，是不是我不乖巧懂事，所以爸爸妈妈才会抛弃我？

奶奶摸着她的头说，"人人都有粗心的时候，常常会丢掉一些东西，等到他们回头的时候，才发现那东西再也回不来了，他们也很心痛的。"

于是童小谦就原谅了她的爸爸妈妈，不是他们想抛弃她的，只是一不小心就把她弄丢了而已。

4

奶奶病了。

躺在医院里，好久都没有醒来。童小谦请了假，在医院里陪着奶奶，自然就忘了要去饭馆还邓春德钱的事。

邓春德不把那几块面钱放在心上，倒是他店里的小伙计说，"那小姑娘看起来还挺老实的，结果竟然吃白食，说了星期一来还钱的，没想到这么不讲信用。"

邓春德望着门口的方向，心想，童小谦会不会是生病了？还是家里有事？

几天后，童小谦再次来到了店里。她坐在角落里，望着窗外，没有点餐，也没有说话。当时正是学生吃饭的高峰期，很多学生都没有位置，见童小谦一人霸占着座位却不吃饭，都很愤愤不平。邓春德见状，也出来劝童小谦，如果不吃饭就让出座位。

童小谦问，"老板，你可以和我照一张相片吗？"

邓春德很是奇怪，这小女孩儿怎么会有这样的要求？但他一向亲切善良，虽然觉得这要求有些突兀，却还是答应了童小谦。

照完相后，童小谦小心地问邓春德，"你以前有没有丢过什么东西？"

邓春德摇头。

童小谦很失望，喃喃自语，"如果每个人都不那么粗心就好了，就不会丢掉东西，也不会抛弃孩子……"

　　邓春德旁边的伙计听童小谦在这胡言乱语，顿时恼火起来，"你说你这小姑娘，上次来我们店里吃了碗面没有给钱，今天又是霸占座位不吃饭，又是让老板和你合影的，你这人怎么这么讨厌啊？"

　　童小谦脸有点红，却还是壮着胆子问邓春德，"你可以给我一个拥抱吗？"

　　邓春德觉得，童小谦这个要求实在太无礼了，而且店里生意很忙，客人已经催了几次菜，于是邓春德很坚决地拒绝了童小谦的这个要求，烦躁地打发童小谦走，"姑娘，你不吃饭的话就快走吧，我这忙着呢……"

5

　　奶奶去世了，不过她走得很安心。

　　她离开的时候，手里还拿着一张照片，照片上，是童小谦和一名中年男子的合影，他们都在微笑，看起来十分幸福。童小谦告诉她，爸爸马上就要来带她走了，以后他们都会住在一起，她再也不会孤单了。

　　童小谦骗了奶奶。

　　她知道，邓春德根本就不是她的爸爸，虽然他和她记忆中的爸爸有很多的相似之处，可是她悄悄打听过，邓春德只有一个儿子，而且他家境殷实，又十分喜爱孩子，根本就不会做出抛弃孩子的事。

童小谦想要和他合影，是为了让奶奶可以安心离开，不带有遗憾。

童小谦想要和他拥抱，是想要记住这个和自己爸爸一样年纪的大叔，给她做好吃的虾米炒蛋和长寿面的大叔，可惜她没能如愿。

童小谦离开了这个城市。奶奶去世后，原来一直关心着她们的居委会得知了消息，联系了一个家庭，那个家庭表示愿意收养童小谦。

不久之后，邓春德收到一封来信。信上写着：

> 邓老板，你还记得我吗？我是童小谦。我到现在都时常想起你给我做的虾米炒蛋和长寿面的味道，那天我想拥抱你，是因为你给我的感觉很像我的爸爸，我想抱抱爸爸……欠你的面钱我就不还给你了哦，因为我希望你永远都记得我。

合上信，邓春德的心很久都不能平静。怪不得，童小谦总是问他那些奇怪的问题，怪不得，她那么喜欢看他做菜……

他又想起那天童小谦走出店门时那哀伤的背影。他想，他终究欠了她一个拥抱。

也不知道以后还有没有机会，再见到她。

拇指姑娘

晛 沐

周浅浅和我是同班同学，平日里的她总是给人一副很容易亲近的样子。所有的人都认为她简单、安静、平凡，可是，我猜周浅浅一定是个很有故事的女生。

很多次我都看到周浅浅买了奶茶然后又望着奶茶发呆，要过很久才能回过神来把奶茶喝掉。

直到这次，我按捺不住自己对周浅浅的好奇心，在她又买了杯奶茶后，用那种不容怀疑的语气问她："周浅浅，你这么喜欢喝奶茶，一定是有什么故事吧？"

周浅浅不置可否地笑了笑，"怎么？是想把我写进你的小说素材里？"

周浅浅绕过学校附近有卖奶茶的大超市，把我带到江边的一家小奶茶店，告诉我这就是她每天都会来买奶茶的地方。

我不明所以地问了句："嗯？然后呢？"

"你听说过拇指姑娘的故事吗？"

1

许盼第一次向我表白的时候，把我拦在了学校附近的超市外。

"周浅浅，我喜欢你。"如果说小说里的男主角的帅气是十分的话，那么许盼只是帅气到了七分，却给人一种很舒服的感觉。

可是，我并不是"外貌协会"，只是和许盼的关系还没好到可以随随便便就接受他的喜欢。我望着许盼阳光和煦的面庞，笑着对他说："听说最近出了新口味的奶茶，不如你去帮我买一杯吧？"

在许盼去柜台点奶茶的时候，我悄悄地离开了超市，然后逃命般地跑。许盼发现我跑了后，朝我逃的方向大吼："周浅浅，如果我追到你，一定让你吃不了兜着走！"

从那天后，许盼真的开始追我了。每天都对我嘘寒问暖，偶尔也给我写情书，偶尔也会找各种借口送给我礼物，当然，他送得最多的东西是我最爱喝的柠檬味奶茶。

我被许盼追得不耐烦了，捧着他送的柠檬奶茶边喝边质问他："许盼你不觉得有时候你很烦吗？"

许盼听了我这话后立即给了我一顿"爆炒栗子"，"周浅浅你现在每天吃我的用我的你是真的觉得烦吗？"我揉着被他敲痛的额头，赌气般地瞪着他。

许盼追我的一个多月里，我也不是没有想过要答应他和他在一起，只是我无法说服自己喜欢一个没能让自己动心的人。我知道了许盼的真心，我在给他也是给自己一个机会，所以也并没有直截了当地拒绝他。

许盼追我时对我的深情和小心翼翼我都看在了眼里，可是我骗不了自己，他给我的除了感动便再没有什么了。

2

多雨的季节里我被淋了雨，那天半夜发起了高烧。同寝室的室友们都睡着了，我强忍着头痛掏出手机，浑身酸痛的感觉让我没能想太多便直接拨通了许盼的手机号码。

大半夜的我也没指望许盼能帮我什么，打了一通电话他没接，也许是睡得太沉了吧。当我失望地放下了手机想着让自己自生自灭时，许盼把电话回拨了过来。

"喂……怎么了周浅浅？"我听出了他犯着懒懒困意的语气，可是我嗓子难受得说不出一句话，只断断续续地说出我可能发高烧了。也不知道许盼有没有听清我那难受到快哭了的声音，说完后我把手机放到一边就蒙上了被子。

　　迷迷糊糊地不知过了多久，生活老师敲响了我们寝室的门，然后我被室友送到了医务室。直到许盼提着外卖出现在我身旁我才明白他是大半夜的接了我电话后不放心，在男生宿舍二楼沿窗台爬下，然后叫醒了女生宿舍的生活老师。

　　我的烧退了点儿后，吃着许盼翻墙到校外买的外卖，装作毫不经意地问许盼："你到底喜欢我什么呢？"

　　"我喜欢对你好，一直对你好。"斩钉截铁，毫不犹豫，我看着许盼说这话时的信誓旦旦，好像除了对他这么喜欢我的感动外，还多了一点儿什么。

　　我的生日，许盼送了一只比我个子还要大的熊。他一个大男生抱着那只大熊送我回家，引得路人纷纷侧目。

　　黄昏时的太阳在落山之前洒下一大片一大片的余晖，许盼将大熊递给我，在路边蹲下拿出放在口袋里的食物喂一只流浪猫。

　　许盼蹲在阳光里那么温柔的身影让我想起了有关他的点点滴滴，他整个人被染成了金黄色，那种阳光的颜色很轻易就击中了我的心。

　　在落日的最后一点余晖里，我抱着那只庞大的熊说："许盼，我们在一起吧！"

3

许盼在路边喂食的那只猫后来被我取名"小三"，我和他经常带些食物去看小三。

平日里我总是抓住小三让它摆弄各种"高难度"姿势，时常它会发出凄厉的惨叫，可我全然不顾，就连许盼也管不住我这顽劣的性格。

许盼拿我没辙，只会在我耳边念叨："周浅浅啊你怎么老是欺负小三，你心这么狠毒，除了我谁还敢和你在一起啊……"

我真正意识到这句话的严重性是后来小三一见到我就迅速跑到离我很远的地方，任凭我怎么叫喊"小三你别离开我啊"或者放多少美味的食物它都不肯再靠近我一点儿。

不过值得我欣慰的是许盼和我在一起后对我越发地好，年少虽然遇见过许多人，却并没有人如许盼一样让我对一份喜欢感觉得如此真切，所以便把他对我所有的好都认为是理所当然的了，于是把所有的无理取闹和肆无忌惮都作用在他身上。

女生宿舍的楼下能每天看到许盼护送我的身影，我不喜欢吃饭却在和他在一起后没有再犯过一次胃病。雨天里的伞、大风中的衣，只要有许盼在，这些东西从来都不会少。还有平日里他细小却足够让我温暖的举动，都让外人羡慕不已。

在许盼生日的前几天他带我去了游乐场，我玩心大起，趁许盼不注意，躲进了一家甜品店，等他发现我不见了再焦急地找我时，我已经把手机关了机并暗笑计谋得逞。

许盼到处找我越走越远后，我才慢吞吞地走出甜品店准备一个人玩遍游乐场，许盼焦急的样子早已经被我抛在脑后。

等我玩到筋疲力尽的时候已经是傍晚了，打开手机全是许盼的未接来电，打他电话要他来接我时听到的是他十分疲倦却焦急的声音。

不到十分钟许盼就找到了摩天轮下的我，他冲过来第一次紧紧地抱着我，我清楚地记得他潮湿的红眼眶和带着哭腔的声音："浅浅，以后不要乱跑了，我知道你是在玩，但是又好怕你真的走丢了，好怕再也找不到你……"

就在那一刻，我真的就想那么和许盼一辈子。

4

我一直是那种平凡得不能再平凡的女生，遇到过许多人却只有许盼把对我的喜欢说出了口，于是开始了我这青春中自以为最美好的一段爱恋。

那年春天的风太过缠绵，我骑着单车满城想要寻找心仪的生日礼物准备送给许盼，他却骑着单车满城追赶着我。

后来骑累了在江边附近的一家奶茶店停下，许盼突然坏笑着对我说："你知道吗，我追你的那段时间买的奶茶都是在这儿买的，因为只有这儿才做你爱喝的柠檬味奶茶。走，给你买奶茶去！"

柠檬味的奶茶确实很少有地方卖，而我独爱这种甜中带酸加上奶茶特有的香醇味道。

我咬着奶茶的吸管，实在想不出送许盼什么礼物好，揉乱了额前的刘海儿问许盼："喂，今天是你十七岁生日，你想要许什么愿望？"

"我啊，想要把你变成拇指姑娘，永远放在兜里随身揣着走。"

"这可不行，还要把小三变成拇指小猫，跟在我屁股后面跑。"

最后我还是没送成许盼生日礼物，可是我们的感情却日趋亲密。一整个春季他送了我太多的柠檬奶茶以至于在很长的一段时间里我被蛀牙折磨得痛苦不堪。

夏天刚到的时候许盼连哄带骗地把我拉到了牙医诊所，不顾外人的眼光对我大吼："周浅浅你再不把蛀牙拔了，以后晚上我可不听你给我打电话时在那儿痛得惨叫！"

我小声嘟囔了句："好像是你给我喝那么多柠檬奶茶让我生的蛀牙吧……"

"周浅浅，只要你把蛀牙拔了，以后我给你开家奶茶店都行！"

"成交！"

在以后的很多年里我都在想，如果在那个十六七岁的年纪即使让我痛过整个青春期我也没有拔掉蛀牙便不再那么爱喝奶茶，是不是也就不会有那无数个让我怀念到哭泣的夜晚？

5

这世间最残忍的事情，不是得不到，而是已失去。如果最初不相见，如此便可不相恋，该多好？

可是时光从来不会说话，不会给人任何答案，它只会毫无保留地逼着我们向前推进。而这世上最无奈的事就是所有的美好和黑暗从来都不值一提，因为在时光的摧毁下它们都将片甲难留，剩给我们的从来都只是满身不可痊愈的伤口。

那个我最不愿回忆的夏季，烈日似火，大地像蒸笼一样，空中没有一丝云，没有一点儿风，一切树木都无精打采地懒洋洋地站在那里，好像一切是静止的，也只能是"好像"。

许盼约两个好友去河边游泳，我的牙齿好了又喜欢上喝奶茶便提议他们去江边，我好在江边的奶茶店等他们。许盼的好友害怕江中游泳危险，可许盼宠溺我硬要去江边，我想我这一生做过的最后悔的事情莫过于这件了。

许盼买了一大堆吃的还有整整五杯柠檬奶茶要我在奶茶店等他，那个下午在我喝了第三杯柠檬奶茶后已经接近傍晚，我仍没有等到许盼来找我。我捧着剩下的两杯奶茶兴致勃勃地跑去江边想找许盼，可是当我看到江边围满了人群还有江中打捞着什么的救生船时，我的心里开始不断地祈祷：许盼，你可千万不能有事儿啊！

我在人群中找到和许盼一起游泳的两名好友时，心像是被割开了一块大口子，在以后每场夏风吹过的时候，就彻骨地疼。

人群的喧闹声、汽车的鸣笛声、船声、江水声、风声都不及许盼好友说的那句话震耳欲聋："许盼在江边游泳时溺水，沉下去有半个小时了，现在还在打捞。"

我想对他们生气，想咆哮，想宣泄，"为什么当时你们不去救他？！"可是，我全身真的再抽不出一丝力气。

我在江边一直地等，在看到许盼被打捞上来那浮肿却紧闭的双眼时，我意识到也许那双如星熠般明亮的双眼，再也不会睁开了吧。

手中捧着的奶茶瞬间掉落，全部洒在了地上，那一刻，我知道我这短暂却可能会让我怀念一生的爱恋，就这么轻易地画上了句号。

尾　声

周浅浅给我讲完这个故事，没有歇斯底里，没有哭泣，只是静静地喝完一杯又一杯奶茶。

"我这么爱喝奶茶，只是很想念很想念许盼，我真的很想告诉他，我很想他。可是，我只有比以前更好地生活，这才是他最大的愿望。"

我真的很难去想象，周浅浅喝了无数杯奶茶对许盼的思念是有多沉重，无数个掩面哭泣的夜晚是有多难熬，无数次去喂养那只流浪猫，她陪它等待男主人的身影是有多落寞……

很多天后的清明节和家人去扫墓，因为些事情耽搁到了傍晚，在路上意外地碰到了周浅浅。可是，我并没有去打扰她。

她跪在一座墓碑前，黑白照片上的男孩儿不是十分帅气，但因为一双漂亮的双眼让人看着很舒适。

我站在一旁听着周浅浅说了很多话。

"许盼，时间过得好快，转眼你离开我已经这么多天了。我现在过得很好，你呢？你在那里过得还好吗？最初你刚走的那些日子，我还是会抱着你送我的那只大熊，整夜整夜难受地哭，我好想你，好想好想……身边的这么多人都在，偏偏只有你不在了，我也想过就这么把你忘了，但是我做不到啊，我能做的只是努力地学会习惯着没有你的日子。我现在已经想到你不会再那么爱哭了，毕竟我从前就是一个人……

"现在我不再那么爱吃零食了，我经常想你时就喝奶茶，又长了颗蛀牙，好痛，以后真的不能再经常这么喝奶茶了，所以也就不用你给我开家奶茶店了……我每天都有好好吃饭，好好学习，我记得在阴雨天带伞，天气冷时添衣，也从来没有再欺负小三了。对了，小三经常跑去你家附近，它在等你，它也很想你。

"许盼，你看，我现在每天都很努力地开心，就算没有你在，我也能照顾好自己……可是，许盼，你说，你什么时候才能把我变成拇指姑娘，永远放在兜里随身揣着走啊……"

可是，山不会说话，水不会说话，时光残留的那张黑白照片也不会说话。

周浅浅早就哭得泣不成声，我红着眼睛默默地离开。

"喂，今天是你十七岁生日，你想要许什么愿望？"

"我啊，想要把你变成拇指姑娘，永远放在兜里随身揣着走。"

钟小姐的一天

嘉明七

1

2017年2月28日下午五点，钟晓洁在街角与易航分别。

然后，她再没走出过这一天。

2

钟晓洁从一开始就察觉到不对。

早晨按时走出家门，被等候在街角的人吓了一跳。

她几乎是有些怯懦地发问："……你，还没走啊？"

易航就要转学到别的地方，今天会留在家里收拾行李。昨天下午的分别，她以为是最后一次见面了。

"你还没来啊。"易航觉得莫名其妙。两个人结伴上学已是多年惯例，他每天都会在这里等她，干吗问这么奇怪的话。

他只当钟晓洁早晨起来头脑还不清醒，没再多问，急吼吼拉着她朝前冲："快点快点，要迟到了。"这熟悉的场景让钟晓洁鼻子一酸，昨天他们也是这样慌张。

她忍不住推测，难道这是易航给她的临别惊喜？

结果易航没有任何要停下的意思。两个人到了学校之后，他自然地和她分开朝教室走去，还如同昨天一样被地上的砖块绊了个趔趄。他熟络地和人打着招呼，那些人也没意识到什么不同，甚至没有一个人问"你怎么来了"，好像就该是这样。

钟晓洁心中生出一丝不安，这……和昨天的情形也太像了。

进了教室，她发现今天上的是昨天的课表，但没有一个同学提出异议。老师们也没有做任何说明，似乎只有她觉得不自在。

第二节课，自己身后的小胖子被提问到和昨天一样的问题；第三节课，在外面打扫卫生的小组长由于地滑摔倒，手臂骨折；第四节课，化学老师被酒精灯燎了头发，像泡发的胖大海，全班乐成一团……

钟晓洁的脸色却越来越差，不是这样的，不该这样的。

今天，小胖子应该因为昨天没回答上问题去后边罚站，骨折的小组长应该请假在家休养，化学老师昨天课间就自己动手剪了头发，今天应该顶着灾难现场出现引起群嘲……

她听见自己脑袋里绷紧的那根名为恐惧的弦，断了。

3

钟晓洁浑浑噩噩地熬到了下午最后一节的体育课上。

她看见铅球砸伤人，羽毛球飞上树，有男生裤子裂开，有女生发带断掉……昨天曾引起注意但她并未留心的一阵阵哄笑，今天终于看见全貌。最后，眼神落在篮球架旁和球友激烈对战的易航身上。

学校操场有一块围墙在整修，很多人都趁老师不注意偷偷溜出去。反正迟早要放学回家的，老师干脆也睁一只眼闭一只眼。

篮球赛告一段落，易航的球友结伴出逃。他大汗淋漓地跑到孤单一人的钟晓洁身边："啧啧，还是我们钟小姐听话。也不知道什么时候能把钟小姐拐出去啊？"

往常这种揶揄总会招来一番反驳，今天钟晓洁却是异常安静。细看之下，会发现她在微微发抖。腕上的手表显示，易航过来的时间和昨天分秒不差，甚至连那句话都原封不动。

钟晓洁心存的最后一丝侥幸，破灭了。他也没被这不寻常的变化困扰，被遗弃的，只是她吗？

易航终于意识到不对劲儿，轻轻拍拍她的肩："怎么了？"

钟晓洁"哇"的一声哭出来。她的所有不安和惶恐，在熟悉的关切里尽情释放。这一哭，就到了四点四十五分的放学时间。

等钟晓洁终于调节好情绪，瞥见指针走到五点。

眼前景物突然变幻，她回到了昨天下午和易航分别的路口。

他同昨天一样期待地看着她，她下意识避开，声音里透着慌乱："我……我先回家了。"她给出了和昨天一样的回答。

易航嘴角扯出再明显不过的自嘲，却也只是一瞬即逝。"那，再见啦，钟小姐！"他潇洒地走开，留给她一个背影。

钟晓洁呆呆站在原地，眼神变得蒙眬。这明明是一次重来的机会，她却搞砸了。懊悔很快发酵成不甘，她回应不了他的期待，又不是她的错。

他明明一直都清楚她只会是那个胆小的钟晓洁，而不是他希望的钟小姐。

青春的故事不悲伤

4

和易航的初识并不美好。

初一下半学期，他转学过来，坐在最后一排的钟晓洁旁边，然后用三天时间摸清了她在全班最低端食物链的地位。目睹钟晓洁唯唯诺诺的交友，想和成绩好的人打成一片被嫌弃成绩差，班里不良少女主动找过来，却是在消费她的善意。从替她们写作业，到为逃课的她们打掩护，再到"贡献"零花钱给她们……简直就是电视剧里哀其不幸怒其不争的典型。

那天她们再一次强抢她的零花钱，易航站了出来。赶走她们后，他扑哧一声笑出来："名字里明明带着小姐，现实里却是丫鬟的命，你怎么对得起自己的名字？"

上一刻还对出手者存有的感激之情，在被戳穿胆小讨好的本质后，演变成了恼羞成怒。刚才还怯懦得不敢反抗的人，怒睁了眼："要你管！"

"啧啧，"易航继续挑衅，"刚才怎么没发现你还有发怒这种能力？"

钟晓洁知道自己于情于理都不对，想要逃走，易航没有给她缓冲的机会："你到底在害怕什么？"她并不像是那种没自尊的人，看起来更像是缺乏安全感，才幼稚地向外界寻找。

他问得郑重，没有逼人的气势，没有鄙夷的态度，自然而然仿佛是可以依赖的人。

钟晓洁的心重重一沉，眼神一闪，恐惧流出：怕一个人，怕没有朋友，怕自己悄无声息地死去都不会被发现……幼时父母工作忙，为她请来保姆，对方不负责，害她差点儿在失火的家里烧死。那之后，她开始怕孤寂。即使被欺负，也好过自己独处的空旷。

她想，自己一定是太害怕了，所以才会对这个同桌不过三天根本没说过话的陌生人说出自己最隐秘的不安。

"我当你的朋友不就可以了？"易航认真地盯着钟晓洁。

5

现在，换作钟晓洁认真地盯着易航："我们也逃课吧！"

在操场上发泄完情绪后，钟晓洁用了三天时间，过了完全相同的三个2月28日，接受了自己被困在时间循环里的事实。也发现无论她在哪里在干什么，一到下午五点，她一定会回到和易航分别的时刻。

她突然想，上天是不是在用这种BUG来弥补她要和易航分离的难过？

当惶恐战胜好奇，当和易航相处的时间可以无限期延

青春的故事不悲伤

长，欣喜压倒一切。这不就意味着，她和易航，拥有无数新的可能？！

于是体育课上，易航又一次在她身边感叹时，她坚定地邀约："我们也逃课吧！"

易航愣了愣："钟小姐好像勇敢过头了……"可他眼中的惊喜那么明显。

钟晓洁也忍不住嘴角上翘，这是她陷入时间循环后第一次感到放松。这里的每一天都是她偷来的，她有无数次变勇敢的机会。

他们从围墙缺口那里出去，站在大街上，竟一时无所适从。

这次轮到易航尴尬："还真是没想过逃课后干什么。"他看钟晓洁的眼神意味深长，"你是受了什么刺激吗？"

"没有啊。"钟晓洁努力压抑自己的雀跃，随后指着一家新开的奶茶店，"去那里吧！"

那天放学，这家店就在发传单。易航接过后，也不知是说给自己还是说给她听："看来我们没机会去那里坐坐了。"

现在就是机会。

在店里时，服务员赠给他们优惠券。一出门，易航就转手给了钟晓洁："我是用不着了，你以后多来坐坐吧！"

"哦。"她闷闷地应一声，低头盯着脚尖。身后传来抓小偷的喊声，然后她还没反应过来，易航就冲了出去。

　　等钟晓洁赶到时，小偷已被人群团团围住，易航则狼狈地坐在地上捂着胳膊，指缝里有鲜血流出。她扶了他去医院包扎，看着那道一指长的伤口，钟晓洁忍不住红了眼眶，随即眼前一黑，仿佛缺氧。

　　再睁眼，已是熟悉的路口，易航好端端地站在她面前。

　　她冲上去，捋起他左手的袖子，看到光滑得没有留下任何痕迹的皮肤。她哽咽着扑进他怀里："太好了，你没事，你没事……"

　　"怎么了？"易航疑惑而又无辜地望着她。

6

　　仔细回想起来，钟晓洁在易航面前还落过一次泪。

　　那时易航履行了做她朋友的诺言，主动和她谈今天的课程，聊自己的过去，说最近有好玩的地方邀请她一起去。不管她怎样一副逃避的姿态，他总是锲而不舍。

　　钟晓洁对上他眼中的坚定，总是不安。朋友是讲究双向的，如果热情总得不到回应，终究会消散吧。而她，还缺少一份接受易航善意的投名状。

　　最后，又是不良少女们给她提供了机遇。

经过这些日子的观察，她们认定易航那天的出手只是一时气愤，而钟晓洁依旧烂泥扶不上墙，没人撑腰，自然会乖乖回到她们麾下当跟班。

"呦，怎么不见你的小情人啊，难道是受不了你于是聪明地躲开了？"

"早就该这样了。也不看看，除了我们谁还愿意搭理你，认清现实吧！"

"如果你乖乖认错，我们可以考虑既往不咎，接着和你做朋友哦。"

……

窘迫与悲愤，让钟晓洁涨红了脸。一抬头，看见不良少女们身后不远处的易航。他临时起意送一位老奶奶回家，才让她落了单。

易航先是焦急，而后淡然，甚至还欢快地对她比了个加油的手势。这些日子里，他虽然没有明着点破她以前和不良少女的关系，但也暗暗说了不少大道理。钟晓洁记住了他语重心长的那句："对不喜欢的人伪装喜欢，是对自己的不礼貌。"

勇气从来不是一蹴而就的。它是有人在你耳边在你身边源源不断递送的善意和担忧，是有人用行动表达的包容，是有人用时间来证明承诺。

"我不会再和你们做朋友了！"她大声打断不良少女们，"我从来都不喜欢你们。"而后奋力跑开，直到转过弯，钟晓洁才猛地停下大口喘气，眼泪也不受控制地流出。

易航追上来，笑眯眯地看她：“这才是钟、小、姐该有的样子嘛！”

7

钟晓洁想，她永远都成为不了易航想看见的钟小姐了。

时间循环没有对易航造成伤害，让她很是欣喜。可她还是敏锐察觉到自己暗藏的难过。那个上一秒还需要她搀扶的人，下一秒就若无其事站在对面和她说再见，仿佛她经历的所有悲伤只是幻觉。

不，不只是悲伤，连欢喜都变得没有重量。

钟晓洁每天和易航结伴逃课，将以前他邀请但被她拒绝的活动重新拾起。他们坐过山车，一起看电影，在草地上谈天，在科技馆观摩……每一次，易航都被她的邀约震惊，会毫不吝啬地夸赞她的勇敢，而她欣喜的笑容越来越僵硬。

于他而言，每次都是惊喜，于她，却是排山倒海般袭来的疲惫。她竭尽全力创造的和易航的回忆，在每一个循环过后变成她一个人的独角戏。

这个BUG，是对她的惩罚而不是嘉奖吧。

她早已看过许多关于时间循环的作品，所有的主人公们被困住是因为有改变某一件事的使命在身。而她，是因为什么被困住呢？

体育课上，易航又一次坐在钟晓洁身边。他还没开口，钟晓洁就对他做了"嘘"的动作，眼神一直盯着操场上，手遥遥指着某个人。

"他的铅球会砸到那个人的脚。"

"她的羽毛球会挂到树上。"

"他的裤子会裂开。"

"她的发带会断掉。"

易航目瞪口呆，好半天才缓过神来："你……有超能力？"

"如果我说有，你信吗？"钟晓洁语气轻松，眼神却认真笃定。

易航一时语塞，钟晓洁继续问道："假如，我是说假如，你被困在一段时间循环里，你觉得会是因为什么？"

"可能是因为有什么遗憾想要弥补吧！"易航认真作答。

这样吗？钟晓洁眨眨眼，在她都看不清自己的时刻，有人比她还要了解自己。压在心头的沉重和不甘，就这样慢慢释怀。

钟晓洁微笑，完全没有想哭的情绪："我啊，陷进时间循环里了呢。"

夕阳西下，两个并肩的身影不断暗淡。钟晓洁平静地把这些天的遭遇和盘托出。易航脸上的表情不断变幻，从怀疑到震惊到微笑到沉静，最后笼上一层悲伤的底色。

旁边有声音随风传来，轻轻落在她心上："那你一个人，一定很孤单吧。"

8

真正的孤单是什么呢？

这段偷来的时间里所发生的一切，只是她的记忆，不是他们的记忆。他永远不记得他们经历过什么，不知道她真的在变勇敢，接收不到她用行动表达那天没有好好和他道别的歉意。

他们成了朋友以后，易航经常唠叨的话又变了。他说："对朋友的喜欢，一定要大声说出来才是礼貌哟！"他洞察了她的羞涩胆怯，并且温柔地体谅，即使那天下午分别时她并没有实现他眼眸里的期盼，他也微笑着走开。

可她没有办法原谅。

是希望易航一直在身边的愿望破灭的沮丧，是她不敢面对他离开后自己孤单一人的现实，是她没能亲口对他告别的遗憾，使她被困在这一天吧。

"以后再也不会了。"易航的瞳孔里印上钟晓洁飞扬的嘴角，"我啊，在你不知道的时候，偷偷变强大了！"

时针走到四点四十五分，放学铃响。

四点五十三分，他们经过新开的奶茶店。

易航接过传单，刚要开口，钟晓洁抢先：“我们进去坐坐吧。”看他一脸讶异，她又笑笑补充，“即使你明天就要走了，今天赏光和我喝杯奶茶的时间应该还是有的吧？”

易航更是惊诧。钟晓洁知道他要转学的消息后，从来不会主动提到这个话题，更遑论笑得这么开朗，仿佛没有芥蒂。

“我要蓝莓口味，他要巧克力。”一进门，钟晓洁熟门熟路地点餐，而后在靠窗的位置坐好，冲呆愣的易航招手，“坐啊。”

四点五十八分，奶茶端上来，服务员还送了张优惠券。

钟晓洁径直接过放在包里，冲易航挑眉：“你是用不着了，我以后会多来坐坐的。”

易航失笑，她都能调侃他，看来是真的释怀了。钟晓洁眉眼中的狡黠，不是故作开朗，而是卸下某种重负后的自然轻松。

钟晓洁朝易航举杯：“干杯！”

店里墙上的挂钟响起，时间走到五点整。

易航决定不理会旁人看神经病似的眼神，和她碰杯：“钟小姐，干杯。”

9

2017年2月28日，下午五点二十分，钟晓洁在街角与易航分别。

她笑得灿烂："再见啦，一路顺风。"

易航一直以为钟晓洁被他要离开这件事困扰，最近才一直沉默，他甚至做好了她哭泣着告别或者不当面告别的准备。没想到他胆小的钟小姐，勇敢地说出了告别的话。没有哭泣，没有吵闹，只有诚心诚意的祝愿。

他同样以微笑回应，遥遥挥手，走出她的世界，没有看到身后的人泪如雨下。

我终于明白，我被困在时间循环里，花了那么长时间，不过是想练习一下和你的告别，好让你知道，我已经真的勇敢起来。之后，即使你不在身边也没关系，和你一起的时光已足够慰藉此后的所有孤寂。

只是，请允许我的勇敢再搁浅一会儿……

青春的故事不悲伤

骆 阳

1

距离高考三个月左右——

娜娜在做数学题的时候，不慎吞进了一个笔帽，住进了医院。

周末我去看她，一路上还在纠结一道立体几何题的辅助线到底该怎么连。到了病房，我尖叫："周娜！你真能耐！竟然吞笔帽！"

娜娜把手里的橘子丢过来："别瞎说！我阑尾炎手术！"

"差太远了吧！"我撇撇嘴，把刚刚接到的橘子剥开。

"小罗，你跟我说，你到底喜不喜欢我？"

我剥橘子的手像猛然触电，抖了一下。"开什么玩笑，当然不喜欢！"

"不喜欢你抖什么，像得了脑血栓似的。"我看不清娜娜的脸，眼前的世界好模糊，因为刚刚出门忘了戴眼镜。

"我是被你的自信给震惊了。"橘子我没心情吃了，喂给了娜娜。

娜娜嚼了一下，担心地说："会不会很脏啊！"

"我走了，还要做卷子。"

"小罗，你回来！"

"干吗？"

"别装了，我知道你喜欢我。"

2

从前——

周娜原名叫周詹娜拉，是八中的金牌女神。她爸爸是二人转舞台上的扛把子，非压轴不唱那种。为什么提到她爸爸呢，因为她这个传神的名字就是她爸爸给起的。她说她恨她爸。

我问她："你就因为这个恨他？不孝！"

"不是。她连我妈都看不住，所以我恨他。"

我说："你妈跑啦？"

她说："你妈才跑了。我妈丢了。被我爸丢在红旗大街。我妈精神上有点儿缺陷，总是这儿那儿乱跑，我爸脾气不好，总打人，于是我妈的精神就更不好了……"

娜娜跟我说这些的时候，我们十五岁，刚刚上高中。那时候她就很美了，把头发染成酒红色，还烫了大卷。（现在看来可能是非主流。）

我心想，不愧是二人转演员的女儿，唠个嗑都跟唱戏似的，一波三折。我为了渲染当时悲伤的气氛，挤出两滴眼泪，然后抱住她说："不哭啊！"

娜娜给我擦擦眼泪，说："以后你就是我弟了，我要保护你。"

我说："不行，我想当你哥，保护你。"

娜娜说："不行，这说不通。"

我问："怎么说不通？"

娜娜说："你会大风车（篮球运动中一种极其炫酷的上篮方式）吗？你能打得过冰冰（班上一个挠人很疼的男生）吗？"

我思索了几秒钟，说："行，姐，我以后跟你混了。什么时候教我大风车？"

3

别人的故事——

忘了啥时候了，大概是高一结束的那个夏天。

娜娜打电话跟我说心情不好，要我陪她去北山公园打篮球。

就是那时候，我知道娜娜喜欢上了阿韬。

当时我心情很不好，打完篮球，我建议娜娜去喝点儿东西。到了小饭馆，我要了两瓶啤酒。喝了一口，太难喝，我就去隔壁商店买了点儿酸奶。娜娜一杯杯干，我也不甘示弱，一会儿就喝了好几瓶酸奶。

娜娜说："你忧伤个什么劲儿？"

我说："忧伤不需要理由。"

事实上，为了她，我来买醉，我连着喝了八瓶酸奶，喝得我天旋地转，最后我决定，以后酸奶就喝伊利的了。

娜娜不知死活跟我说那个阿韬，说他多高多帅多霸气。

我说："多帅也不是你的，醒醒吧。"

娜娜听我这么说，骑着她的电驴一缕烟消失在我的眼前。

我把一个易拉罐踢开了好远，就回家了。

高二开学，我的英语成绩一落千丈。我每天都去打篮

青春的故事不悲伤

球，目的是增高。一段时间后，我练会了大风车，谁让我领悟能力那么强。

校际篮球赛上，班长破格让我上了场。赛前我塞给他五十块钱，告诉他，秋天到了，给女朋友买条裙子。班长接过钱，说我脑袋让驴踢了，秋天哪是穿裙子的季节。

娜娜在场下助威，我一看到她迷人的脸就激了动，在中场就练了一招大风车。我的肢体在空中转动，我的脑袋在想：哼哼，娜娜，看我厉害吧？

"吧唧——"我摔了下来，腿骨折了。

后来呢，康复是康复了，就是腿变成了"O"形。小罗的外号由此而来。

娜娜还是追到了阿韬，即便这件事只有我知道。

阿韬很浪漫，在雨中牵娜娜的手，还把大衣脱下来给娜娜穿上。哪像我，把大衣脱下来给娜娜穿上，娜娜说我大衣太小了，她穿不上。

我就是默默站在他们身后的那个人，即便有时候我会受不了他们十指相扣的幸福。

4

浪漫的故事总会谢幕，生活就是生活，一点儿容不得虚假：

几年的时光就像几天，呼啸着过去，风风火火。

高三寒假，我在家里做题，接到了娜娜的电话。她心情不好，找我出来喝酒。

我还是我，还是不能喝酒，但是没买酸奶，就那么支着腮，默默地看着娜娜喝。

娜娜喝多了一直"咯咯"笑，脸蛋红扑扑的，像是夜色中的一抹橙黄灯火。娜娜说，我成熟了。

我不知道她知不知道，我的成熟，正是她铸造的。

娜娜还说，她和阿韬的感情可能要完蛋了。

我没有感到一丁点儿高兴，而是破天荒喝了口酒，说："小屁孩儿不懂爱情，还是好好学习吧！"

我们走出小饭馆的时候，天空飘雪了。春节将至，天空偶尔会有烟火。

我握住娜娜的手，说："天太冷了，我给你捂捂，好歹你也是我姐啊，我不疼你谁疼你！"

娜娜不说话。彼时的娜娜，已经不再染烫头发，她齐耳短发，干净利落。

早恋是碰不得的，它会让人丢了本我，变得脆弱，也可能任何时期的爱情都是这样。

没多久，路面就铺满了雪。流光像是夜晚的伤痕，晃得人微微眩晕。

我不想承认，我喝多了。我喝多了和娜娜一个德行，不停地笑。

我想，就像喝多这件事一样，还有许多事情是不需要说的。

5

故事之所以叫作故事，是因为它本身的无可奈何——

那是一个明朗的周末清晨，阿韬约娜娜出去。

我在公园散心，正好看到了那一幕。

阿韬突然说："娜娜，我们分手吧。"

娜娜没有多大反应，可能是早有预料。

"没有挽回的余地了吗？"

阿韬没回答，转过身就走了。

风突然很大，娜娜的短发凌乱了，就像是她和阿韬的故事，有些乱了阵脚。

阿韬和娜娜的浪漫，我都是靠听说的，而他们的心酸，我亲眼所见。

有时候，别人的心酸比自己的心酸更让人心酸。

于是，娜娜所有关于爱情的执着在我脑海浮出，几乎清晰得可以阅读。

娜娜外表看起来是坏女生，她从小家庭环境不好，缺乏关怀，她常常用些幼稚但却让人心疼的行为来掩盖她的缺陷。我不觉得娜娜有什么缺陷，她内心的软弱，我可以感受得到。即便她喜欢的人不是我，我也明了地知道她心底的善良，对于感情的真挚。她喜欢人，用自己的整个生命。

阿韬不是小孩子，但是娜娜的关怀仍旧事无巨细。阿韬和娜娜其实不是一条路上的人，多亏娜娜的真心，才挽住这段不被世俗看好的感情。

两个人分手的傍晚，我和往常一样去娜娜家找娜娜一起回学校。可是她家的门怎么也敲不开，我脑中闪过一丝不好的念头。

我用尽力气将门一踹，屋子里传出娜娜爸爸的声音，"谁啊？"

"我！小罗！"我说。

娜娜爸爸打开门，我闻到他一身酒气，我问："娜娜呢？"

"在她屋呢。"娜娜爸爸舌头都伸不直了。

听到这话，我放心了些。可是当我打开娜娜房门的时候，我震惊了。

娜娜的手腕在滴血。

我哭着把娜娜送到医院，娜娜脱离了危险。在医院走廊里，我伤天理地打了长辈一耳光。

我指着娜娜的爸爸大喊："你对不起娜娜！"

他真的不是一个好父亲。

他捂着脸说："你小子是谁啊？我家的事你有什么资格管？"

第二天回了学校，我跟同学说，娜娜有爱咬笔的习惯，昨天不小心把一个笔帽吞了，所以今天不能来上学。

同学们说："太扯了吧！"

紧接着，英语老师走上讲台，宣布了一个好消息，他要结婚了。

同学们鼓掌喝彩，拍马屁说师娘一定是天仙下凡的级别。

英语老师露出好看的笑容，说哪里哪里。

6

这个世界上，原本没有故事，没有故事的人互相凑在一起，也就有了——

高考就那么来了，对于我来说，也就那样，远没有青春里的爱恋精彩纷呈。

娜娜平静地走出考场，她微笑着对英语老师说："我解出了最不拿手的改错题。"

英语老师微笑着说："那你解出生活这道难题了吗？"

英语老师就是阿韬。虽然这是类似前几年爱情小说里的情节，但我一点儿都不觉得狗血，因为生活，永远比作者和编剧脑袋里的故事奇妙。这种奇妙，有时候，会叫人看懂一些事情，而变得沉默。

娜娜在不该恋爱的年纪爱上了错的人。于是，单纯的感情充满了悲伤的颜色。

他们并排行走，离开喧闹。

盛夏的路口，他们默默地分手，分道扬镳。光芒在空中荡散开来，像是往事破碎，装点尘世。

我站在某个角落，默默张望，我不会多说一句话，或者多做一个动作。我也不会和娜娜在一起，我是胆小鬼，将来娜娜看不上我了，甩了我，我会受不了的。

我要做的，就是护送娜娜去到一个她想要的未来。

娜娜是我的好朋友，我们一起上房揭瓦，下河摸鱼，我们共吃一个草莓圣代，分享同一只耳机；

我们在某个黑得看不清未来的夜里，用完整个短信包月；

我伸出手，擦掉娜娜眼睛上的泪滴，娜娜嫌弃我手脏，我说你再事多就滚犊子，没人陪你在这该做卷子的晚上滥情；

我知道娜娜最爱哪种帆布鞋，娜娜知道我穿多大码的内裤，然后在我生日那天破烂一样送了我一捆。

我们的故事，就是小小的模样，小得不容易被遗忘，因为从来就不需要记得。

有人说过，我们都是这个世界的过客，从而我们的存在没有任何意义。我也认同了这样的说法，只是偶尔有时候会被这样的话气哭。我们怎么能没有意义呢？

在结尾，说件很掉价的事儿。

　　两年前，我去教训欺负娜娜的色狼，打完色狼一啤酒瓶我就跑。那是我第一次打架，心脏快要跳出来。色狼在我身后大叫："你别跑！"

　　干吗不跑！等着你还手？我还没那么傻。

　　那几天，我放学溜得特别快。

　　娜娜问我怎么了，我说爸妈出差，没人给我姥姥冲奶粉，我得赶紧回去。娜娜说我是孝顺的小朋友。

　　那天，我快到家的时候，听到我身后有人说："对！就是那个罗圈腿！上！"

　　瞧！我还是没能躲掉二货的称号。

黄骅：故事你还在听吗

李阿宅

　　一辆载了十三个人的越野车在异乡的街道飞奔。渤海湾带着潮湿气息的风通过四敞大开的车窗灌进衣服里与身上薄薄的一层汗水交融，风拍打着腮帮，牙齿打着战，大家歪歪倒倒地分散在驾驶室与敞开的车厢内，跟着音乐放肆地唱着我们喜欢的那些摇滚乐队的歌曲。

　　这是零点的黄骅。

　　去黄骅的前一天晚上，我趿拉着拖鞋去两条街之外的屈臣氏买洗漱用的旅行套装，路过湖滨苑的时候听见有人喊我，四下扫了一眼并没有看见熟人，刚转过身，王岱骑着摩托车从背后冲出来一个紧急制动停在了我的面前。

　　"喊你半天都没反应。"

　　"哦，我戴着耳机呢。"

　　"你干吗去？上来，我送你过去。"

我摘掉耳机指着不远处屈臣氏绿色的广告牌说:"买点儿东西,明天下午的动车去武汉。"

"武汉有什么好玩的啊,跟我们去看音乐节吧。"他拿着手机翻了半天找出来一张黄骅音乐节演出阵容的海报图片,指着上面几个赫然醒目的名字说:"有李志,有谢天笑,有二手玫瑰,这阵容特别牛吧?"

我当即蹲在路边退掉了去武汉的动车票。王岱跨在摩托车上一脸佩服地说:"你对李志真是爱得深沉啊,我以为凭你一贯的风格肯定要纠结半天的。"

我白了他一眼没有说话。我不知道如何对他解释并非是因为李志,而是因为我在左下角最不起眼的一个位置里看到了你的名字。Y,在我们认识的第七年之后,你的名字终于被印在了海报上。

2009年我们刚刚认识。我以吊车尾的成绩混迹在重点中学的学霸当中,每天除了上课写小说就是看摇滚乐杂志,青春漫长得仿佛没有边际线。距离我千里之外的北方小城,你正背着几百块钱一把的木吉他沿着长长的铁道线不停地奔跑。我们在文学网站的音乐版块里遇见,你发了一首如今听起来特别稚嫩的原创歌曲,但当时却着实让我惊艳了一下,我倨傲地发私信给你说:"我要和你做朋友。"

那是互联网最黄金的几年,传统音乐受到了数字音乐的巨大冲击,我翻遍所有小城才找到一张你极力推荐我听的Leonard Cohen的新专辑，你说："除了Bob dylan，这世间还有一些很酷的老家伙们，他们拎着酒和琴行走在时代之中，诗意地歌唱岁月、爱情和死亡。"在周围的男同学都在讨论理想气体的状态变化过程时，这段话在我心中的震撼程度无异于一场剧烈的海啸，原来在试卷与高考之外还有一个那么广袤无垠的世界，而仅仅只比我大了两岁的你用诗意和才情，在我刚刚踏入青春的时候帮我描述出了那个世界最美好的样态。

即使过了这么多年，我依然还是那个心里装不下事情的小女孩儿，知道要见到你，去黄骅的前一天晚上我睡得并不踏实，做了很多与你有关的梦。我们明明从未在现实生活中见到过，可梦里的每一个细节都清晰无比。你站在我高中的教室门口喊我，我趁着物理老师不注意，拿着课桌里的酸奶就偷偷溜了出去跟你跑到学校后面的空地上，你穿着白色衬衣抱着一把吉他坐在一棵榕树底下唱歌，夕阳在下课铃声响起的时候沉默地暗了下来，把人的影子拖得很长很长，我拼命朝着你走去，眼看着只剩下半米的距离，你却消失不见了。

或许是我们对于这座被京津冀包裹着的城市过于期待，才会在踏进黄骅城区看到它尚未真正发展起来的颓败气息的时候显得有些悻悻然。哦，原来它和华北平原上任何一座县级市并没有太大的区别，预定的宾馆外面就是一片荒草丛生的空地，周围的村民都以一种睥睨邪教组织开大会的目光打量着一群又一群奇装异服五颜六色的头发在风中飞舞的年轻人。现场聚集了很多从不同城市奔赴而来的人，摇滚不死金属永恒的黑色大旗在眼前晃来晃去，王岱抛出带来的熊本熊和一群陌生人玩起了人浪，那些扎着脏辫、穿着鲜艳的东北大花衣服，被高速运转的生活压力压抑着的男孩儿女孩儿在那一刻笑得无比灿烂。你的演出在第二天下午六点的副舞台，于是第一天的乐队唱了哪些歌我几乎都忘记了，只是记得彩色烟雾在人群里冉冉升起，戴着黑色墨镜的陈粒声音妖娆地唱完一首歌后说："来到黄骅才知道，原来蒲公英是可以吃的。"

在哄笑声中，王岱他们几个打量着我说："她的状态不对。"但也仅仅是如此而已，我很感谢他们并没有追问我到底怎么了，因为我并不知道如何对他们解释，甚至连我自己都不知道如何为我们之间的关系做一个定义，网友？太过于浅薄，恋人？但我们好像从未开口说过喜欢彼此。这种浑浑噩噩的状态一直持续到第二天你登上舞台。

第二天气温骤变，穿着裙子被冻得瑟瑟缩缩时，王岱看了我一眼神秘兮兮地说去给我找件衣服，我还没有反应过来他就朝着一群人走去。我以为他要打劫，吓得赶紧跑过去拦住他，他却摆了摆手指着那群人说："这是我朋友，他们也是山东的。"这是我第一次见到三胖和他的小团伙，他们坐在毯子上聊天，旁边耀武扬威地竖立着一杆印着"三胖子"的大旗。我所有低落的心情在见到他们之后开始转变，我们在料峭的海风中喝啤酒，手挽着手在众目睽睽之下大声歌唱，在拥挤的人群中高喊着。我觉得音乐节最大的魅力就在于它是一个魔法般的集体体验，是一个集体赋权的过程。你会在音乐的热力中得到感动，得到力量，并且相信你真的可以和旁边的人一起改变什么。

我们坐在草地玩丢手绢的游戏时，副舞台上有歌手在调音，麦克风里传来了两声低沉的声音，坐在我旁边的倩倩回头看了一眼说："这歌手长得还挺帅啊。"我没有戴眼镜，几十米之外对我来说是模糊一片，可我还是听出来了那是你的声音。于是拔腿朝着副舞台跑去。

七年前，你坐在电脑屏幕前说："我给你唱首生日快乐歌啊。"我坐在透不过气来的网吧里笑得乐不可支。

七年后，你穿着白色的背心套着一件蓝色的牛仔衬衣抱着吉他站在舞台上说："我叫Y，我给大家唱首歌。"观众全都聚集在主舞台，副舞台下面只有零散的十几个人，暮色染上黄昏，我怔怔地站在距离舞台十几米空旷的草地上，犹豫着要不要告诉你我们曾经认识过。

七年，隔着几千公里的距离，隔着数不清的长亭古道的告别，隔着剪不断的码头港口山长水阔的牵念，我们早就是两条路上的人了。我其实最想告诉你的是，那个十六岁在你面前嚣张得以为自己和四海众生不一样的女孩儿，她没有考上理想的大学，没有活成自己想要的样子，她终于还是湮没在了人海里。可最后我只是听见自己问你：

"今天是我的生日，你能给我唱首生日快乐歌吗？"

你丝毫没有犹豫地答应了，虽然因为时间关系没有唱完，但这对于我来说已经足够了。我被王岱拉到主舞台的第一排，一边听着我最喜欢的李志，一边用小号在你微博底下留言："请你一定要继续唱下去。"发出去，抬头，李志正在唱着："我已经不会经常想她们，可是过去怎能全忘记。"

星星上的病孩子

夏南年

我比任何时候都爱夜跑

我很少见到莓莓那样的女生，至少在我十七年的印象中，很少会和莓莓那么匪气的女生有着亲密无间的关系，我周围的人大多比我乖很多，每天最常在我耳边念叨的就是，"秦安安你少玩会儿手机吧，单词背了吗？"

莓莓不一样，莓莓大跨步走到我面前，"你就是秦安安？"

我莫名其妙地点点头，于是莓莓扔给了我一把巨大的吉他，"我们来PK吧，谁弹唱的民谣最好听，谁就赢。"

"我为什么要跟你比？"我莫名其妙，然后就看到莓莓突然喜笑颜开，面颊变成了新鲜的水蜜桃色，连上面细小的绒毛都在日光下闪烁，她当着很多人的面笑得特别灿烂，"因为我就是想跟你比。"

莓莓说话的语气霸气十足，我只花了一秒的时间就喜欢上了这个做事无厘头的女生，但我还是摆摆手，"我不会弹吉他。"

"那我来弹你来唱。"莓莓眉飞色舞，我忍不住点头，"好啊好啊。"

没人知道我一直都有一个被万人瞩目的舞台梦，我想要在很多很多人面前唱歌，但总是被阻挡，这个世界上永远不缺一种奇妙的存在，他们总是对我说，像我们这样的就不要唱歌了吧，不要怎么怎么样了吧……然后我就只能点点头，在心里不爽，"谁和你们这群自以为是的家伙是同类？"

我和莓莓合作得无比兴奋，从赵雷唱到李志再唱到宋冬野，尽管民谣真的很难唱，我一不小心就走调了。莓莓的吉他倒是弹得格外好，配合着我忽慢忽快的调子，动听得要命，于是唱完赵雷的《成都》，旁边就有个没长耳朵的人跑了出来，鼓掌的声音像敲鼓一样大，"秦安，你唱得真好。"

我一转头就看到了周楚天，以及他黑色的帽子，我没办法说他不长耳朵，周楚天是我们学校乐队的主唱，每一首民谣都可以唱得我流泪。

莓莓拍拍周楚天的肩膀和他打招呼，然后邀请他一起去操场跑步，周楚天转身问我去不去。

"我就不去了吧……"我迟疑。周楚天摆摆手，"那我也不去了。"

"秦安安你到底去不去，再给你一次回答的机会。"莓莓瞪着我，我是个很有骨气的人，我吐吐舌头，"跑跑步锻炼身体也蛮不错的。"

这天的月色很美，操场上看不清任何人的表情，我用手机外放喇叭听《皇后镇》，悠扬轻松又美好的句子在耳边轻轻流淌，周楚天突然在我耳边说，"现在我比任何时候都爱夜跑，因为你在我身旁。"

我很庆幸灯光黯淡，莓莓满眼的星光照耀在周楚天的身上时，反射不出周楚天热乎乎的气息吹痒我耳朵的温柔，说实话，这是我听过的最美的告白。

虽然我终于明白莓莓的无厘头也是有目的的，却还是抑制不住对她的喜欢，我不保证会对她很好，但至少不想伤害她。

我醒过一百个清晨，梦里有最美的诗人

莓莓还是知道了，她搬了把椅子坐在我旁边时，我正在奋笔疾书抄作业，她突然问我："秦安安，如果我比你更早遇到周楚天，他会不会也像对你一样对我呢？"

彼时我和莓莓已经成了不错的伙伴，却问了我这么难

以回答的问题，她问我的时候笑得很开心，但我还是觉得内疚，虽然这并不太关我的事。

为了缓解尴尬我拉着莓莓去买奶茶，马路上有人在发传单，我玩着手机接过去顺手丢进垃圾桶，抬起头发现莓莓竟然不见了。

"秦安。"我不用回头就知道是周楚天，这个世界上只有他这样叫我的名字。

"安安快来帮忙啊。"我转头看到莓莓为了一遍遍接过周楚天手里的传单，正在马路上来回跑。

"傻瓜，你帮他发不就好了？我去给你们买奶茶。"莓莓猛地一拍脑袋，从周楚天厚厚的一沓传单里拿过了一大半，我很奇怪周楚天怎么会在这样的大冷天里发那么多传单，他的手都冻红了，不然我才不会顺便给他买奶茶。

他嘿嘿地笑，"就是想赚点儿外快，这样的天没几个人愿意发，我发得越多赚得越多。"

于是我坐在奶茶店里守着两杯蓝莓奶茶和一杯西瓜汁，路灯都亮了他们才发完，周楚天和莓莓跑进奶茶店，莓莓大叫，"冻死了冻死了，终于能喝点热的暖暖胃了。"

周楚天则望了我手里的西瓜汁一眼，把自己的奶茶递给我，"你喝的东西太凉了，喝口奶茶暖暖胃吧。"语气温柔得能打动全世界。

如果不是莓莓在，我想我一定会哭，没有几个人知道我和周楚天到底认识了多久，以及我们起承转合的过去。

那天莓莓问我如果她比我更早遇见周楚天会怎样，我想那也应该不会有好结局，相逢别太早，我怕我还不够好。

"喂，秦安安，周楚天到底做了什么，让你始终对他耿耿于怀？"周楚天去洗手间的空当，莓莓凑了过来。

"这样不是很好吗？我在给你留机会，感动不？"

"我一巴掌拍死你，我早就想问你了，给我说实话。"莓莓立刻恢复成了我初次见到她时女金刚的样子。

望着周楚天走来的样子，我突然很想喝RIO，想给莓莓回忆一下过去。

蓝色天空铺满星辰，它也是座冒险之城

我做任何事情都不会那么计较后果，但这并不说明我有能力收拾自己的烂摊子。我还是在夜深人静的时候偷偷溜了出来，我要履行我的诺言，给莓莓讲过去的事。

我和周楚天初中时在一个班级，我们都是考试连试卷都不交的学渣，但是周楚天比我好。

我曾经被老师捉到讲台上，当着全班同学的面说："成绩不好就算了，人品有问题就完了。"那时候我却满不在乎地说："一个人站在这儿挺尴尬的。"

老师用恨铁不成钢的眼神使劲儿瞪我，但瞪我也

没用，周楚天问我："秦安，你是不是遇到了什么难事儿？"

我可怜兮兮地说："我爸妈都出差了，但我又不想问亲戚借钱，远房亲戚开不了口。"

"那我给你。"周楚天毫不犹豫。

"走开，我不喜欢别人施舍我。"我推开他，大步流星走出了教室。

那天我很晚才背着书包走出学校，晚到周楚天等不及还是走了，我是故意的，班主任跟我妈说我偷了同学的钱，我妈跑来了学校，我不想让周楚天知道我在骗他。

我就是这么一个别扭的混蛋，不愿意告诉他我就是看中了一款很漂亮的耳钉，我怕它被别人买走了，但我没有那么多钱拥有它，我妈死板得要命，不仅不会给我钱，还会说我在浪费时间浪费钱。

但我还是一定要得到它。

我不要周楚天的钱是我讨厌被施舍的感觉，我明明觉得自己是顶天立地的女汉子，只能给喜欢的人花钱。我和周楚天，应该是日久生情这样的普适定律吧。

可惜我还不够混蛋，至少在周楚天的面前是这样，我不想让他知道我在骗他，我希望我喜欢的人还能够对我心存美好的想法。

可是女生真是一种奇怪的生物，想要的东西永无止境，被我偷钱的女生又在班上炫耀她一整套施华洛世奇了，而我看中了那款《夏目友人帐》里的猫咪老师娃娃，我在商店里紧紧地抱住它，软软的一大团，很让我安心，我想我一刻也不能等地想要得到它。

于是我偷偷拿了那个女生的钱，她有钱到从不把钱包带回家，我天真地计划第二天来早一点儿就能把钱放回去，我也确实那么做了，但我放钱的时候那个女生正好走进了教室。

那时候教室里只有很早来开门、还在补觉的周楚天，我和那个有钱的同学。摄像头没开，谁也不知道事情的真相。

我不知道那个女生是真的不知道自己钱的数量还是想坑我，反正最后事情闹得很大，最后的最后，是周楚天把事情一个人揽了下来。其实我不怕同学误会我，但我希望周楚天相信我，尽管之后周楚天向我再三保证，他只是为了息事宁人。

我特别冷静地对他说："你以为同学都是傻瓜吗？"他让我成了一个真正的小偷，并且是个不思悔改的惯犯。

我再也不想理他了，那之后很长一段时间都把他当成空气，然后就上了高中，我没想到还会和他在一个学校，说心里话，其实我还挺高兴的。

"秦安安你很不知好歹你知道吗？"莓莓的样子好像要把一瓶RIO砸在我的脑袋上。

"其实我表面上说是因为他不相信我，但其实就是不想要我喜欢的人见过我那么不风光的一面。后来我几乎把所有能做的兼职都做过了，我做到了至少让自己买得起心爱的东西，但发生过的事摆在那里，我就是没办法改变它。"我蹲在地上忍不住哭了，然后突然感到斜上方有一点儿光，泪眼蒙眬中我看到莓莓手机屏幕上有周楚天焦急的面容。

"莓莓你这个叛徒，背着我给周楚天开视频！"我瞬间站起身咆哮。

我背着吉他一路往南走，南到四季的尽头

我从没见过莓莓这么傻的女生，她在十八岁生日那天，陪周楚天逛了一整天的街，十八岁的第一双高跟鞋磨破了她的脚，一点儿都不美好，目的却是为了让周楚天给我挑一双既轻便漂亮又不磨脚的高跟鞋当生日礼物。

她陪着周楚天的时候一个劲儿听周楚天说："秦安安怎么那么傻呢，我真的很心疼她。"

我想要是我在他们身边，肯定会揪着周楚天的耳朵说："我很心疼你的智商。"不然他怎么会注意不到天气骤然转凉的日子里陪他发传单的是莓莓，怎么会在一个劲儿问营业员这样的鞋子磨不磨脚的时候发觉不到走路一瘸一拐的莓莓。

可是我不想提醒他，我也只有周楚天和莓莓，就算心

里的坎过不去，我也知道他在我身边，也会安心。可是贪心的小孩儿得不到上天的宠爱。

元旦三天的小长假里，我和莓莓决定去海边，周楚天在我们临上车的时候气喘吁吁地跑了过来，手里捏着跟我们一趟车的票，他看到我穿着他给我挑的高跟鞋时，眼睛里亮了一下，莓莓的目光随之黯淡了一下。

我是不会在周楚天面前示好的，今天我压根儿没想到他会来。

海风很大，元旦这里人很多，好多年了，我还是改不掉见到一家三口人幸福地走在一起的画面就忍不住想哭，我坐在海边，海水漫过我的脚踝，带着寒意。

"安安，小心着凉。"周楚天跑过来，把外套披在我身上，看到我红了的眼圈，愣了一下，焦急地问："你怎么了？"

我摇摇头说没事，莓莓跑了过来，"安安，你还是改不掉这个毛病啊，你都有我们了，我们也可以是一家三口人。"然后莓莓紧紧地抱着我，在我耳边轻声说："不管怎样，安安我都希望你好，你开心周楚天也会高兴。"

周楚天买来了一箱RIO，我们迎着冬日里肆意的海风，我莫名其妙喝醉了，小时候我妈有事的时候我会难得见到在生意场上忙得不可开交的我爸，我爸就偷偷给我喝酒，白酒红酒我从没醉过，大概是热闹的地方会觉得自己格外冷清。我第一次喝醉了酒，靠着酒精度百分之三的饮料体会了一下醉的滋味。

醒来时我才知道自己做了件多傻的事，我指着周楚天乱喊乱叫，使劲儿把他推进了海水里，嘴里还念念有词，我说："这么多年了，为什么就只有你还阴魂不散，我不堪入目的过去没人知道，你不知道你在我身边我多恐惧，你把我的事嚷嚷得全世界都知道……"

莓莓说："那一秒钟我就放弃了，你莫名其妙说那么奇怪那么傻的话，周楚天还不停地跟你道歉，他肯定很喜欢很喜欢你。"我捂住莓莓的嘴巴，望了一眼因为受冻有些虚弱还没醒来的周楚天，"我们打个赌，输了请吃饭，就赌周楚天会选择你，但你要配合我。"

除了回忆我什么也带不走

我让莓莓假装苦口婆心地劝我，我不知道自己是怎么了，到底有多少真假的成分在里面，我突然很想让周楚天站在莓莓的身旁，但后来我才知道那只是我一瞬间的错觉。

我指着莓莓捡难听的话说，周楚天终于忍不住了，"够了，秦安安你不要不知好歹。"

我冲莓莓眨眨眼睛，周楚天这样叫我的名字了，我的独一无二到期了。

但我没想到的是，周楚天会走近我，极其心平气和地对我说："安安,我也是普通人,我不是不知道莓莓自己累得要命还心甘情愿陪我给你买礼物,不是看不到她的付出。"

我的赌赢了,但我突然很生气,我指着周楚天的鼻子让他别再出现在我面前,我看到周楚天炯炯的目光里闪过真正难过的神色,他说:"安安你别这样,我还是很喜欢你。"

我们身边是巨大的人流,说话的那一瞬间我仿佛置身于一个舞台,周围形形色色的人都是配角,但没有一个配角艳羡我这个站在舞台中央的人,我像是病了一样蹲在地上忍不住哭,周楚天犹豫着抱了抱我,莓莓突然挤进汹涌的人群中离开了。

周楚天毫不犹豫地起身去追,我觉得我大概是真的失去他们了,这是一种我从未想过的骨肉生生分离的痛感,我终于忍不住泪如泉涌。

我想我会永远记得这一天,我只身一人走在热闹的人群中,像个艰辛的孤独症患者,那双周楚天好不容易挑来的高跟鞋还是让我崴了脚,仿佛万物有灵。

我想起小时候很喜欢的一本书,那里面有个星星的孩子,但是他有极其爱他、对他永不放弃的爸爸妈妈和姐姐,我想我可以像他一样沉默,假装心里不难过,没有痛觉,没有归属感的小孩儿才是真正星星上的孩子。

最后我忍不住肿着灯泡一样的眼睛在一家KFC捧着一杯滚烫的九珍果汁睡着了,梦里我赚了许多钱,我捐掉了一半,剩下一半我跑去看了心理医生,梦里我问她,"为什么我会对一件事耿耿于怀很多年。"

他模模糊糊地嘟囔了一句，我想追问却被晃醒了，醒来的那一瞬间我碰到冰冷的果汁，吓了一跳，原来我睡了那么久。

"秦安安你到底要怎么样，你知不知道我们有多担心！"周楚天红着眼睛冲我吼，我也很不高兴地反驳，"我到底怎么了？不就是把手机关机了吗？"

他闭上嘴坐在旁边生闷气，几分钟后我身边响起了疲惫的呼噜声，我想把他晃醒，对着他的耳朵大叫，"最生气的应该是莓莓，她为了我第二次把脚磨起了泡！"

想想还是收回了手，我突然听清了梦里我暗示自己的解答，心理医生说："因为他们对你来说是很重要的人啊傻瓜。"

我突然破涕为笑，我用冰冷的果汁杯给莓莓敷走了一夜磨破的脚，莓莓戳我的脑袋，"要不是看周楚天那么着急，我才不会为了找你把自己弄得那么狼狈。"

"亏我那么爱你。"我假装伤心地说，莓莓扑哧一声乐了，想了想，很认真地说："我也是。"

"没爱他那么多。"

"知足常乐。"

《灵魂渡摆》里说，有一种疾病从世间出现人开始就有，叫作爱，所以我们就不要争辩了吧，反正我们都是时光深处的病孩子。

余生很长，何必慌张

是谁在青春路上沿途流浪

苏 遇

1

　　我赶到公交站时，西柚蹲在地上，双手环绕着膝盖，披散的齐腰长发几乎要垂到地面上，夜色中看不清她的脸，只隐约看见身着白色羽绒服的她双肩抖动得厉害，像一个受伤的……女鬼。

　　狂跑了十分钟的我，在距离西柚大约十米的地方平复了一会儿呼吸，才慢慢走近她，蹲下轻轻拍了拍她的背。她抬起头，前额的碎发有些凌乱，靠近耳边的头发被泪水打湿固执地黏在她瘦削苍白的脸上，她定定地看了我几十秒，互相不说话，有一种诡异的安静。然后，突然、瞬间、猝不及防地，西柚抱住我，号啕大哭。说实话，我有些想笑。

起初我觉得在一个失恋少女面前笑是件特别罪恶的事，虽然只是想，并没有笑出声，但这个想法本身就很罪恶。然而，几分钟后，西柚抱着我死活不撒手哭得极其奔放，眼泪鼻涕悉数蹭在我的衣服上，路人频频投来怪异的眼神时，我有了远比这更加罪恶的想法。

面前这个披头散发、痛哭流涕、毫无形象可言的人，一中女神？我呸。

半小时，足足扯着嗓子哭了半小时后，西柚终于对我说了一句完整的话：余麦送给我的娃娃被我落在公交车上了。

2

在空气刘海儿相当流行的今天，我坚信西柚身上具有引领潮流的与众不同的气质。因为，早在几年以前，学生妹还留着又厚又长遮住眼睛的齐刘海儿时，西柚跑到理发店跟理发师说，给我剪个不一样的刘海儿。

既像齐刘海儿又不是齐刘海儿，有点儿弧度，但不要斜刘海儿，嗯，要有点蓬松感，但不是爆炸啊！西柚歪着头极其困难地描述着。所以，你明白我的意思了吧。

理发师和我一头雾水。

西柚一副怀才不遇的憾恨表情，转头看到店里正放着

《还珠格格》，西柚瞬间激动地指着电视说：啊呀，就紫薇，紫薇的刘海儿你看到了吧？就要那样的蓬松感，不过她那个有点太规矩了，你给我整的稍微个性点儿。

现在想想，当年《还珠格格》里紫薇的刘海儿确实有些空气刘海儿的意思，我很纳闷儿，为什么当时就没能引领一股风潮。

同样纳闷儿的是，当时剪完刘海儿的西柚，我也是怎么看怎么别扭。西柚却难得地很满意。

给西柚剪刘海儿的理发小哥，就是余麦。

3

我以为，我们和余麦只会是点头之交。

我以为，西柚不会跟社会青年有太多的纠葛。

但那都是我以为罢了，上帝最喜欢出其不意，而人生也正因为各种不确定而变得值得期待。但是，遇到余麦，是西柚的劫。

我在一中的校园见到余麦的时候，他靠着栏杆和西柚说着什么，西柚的嘴角有着明显的笑意。要上课的时候，我问西柚：他不是辍学了吗？

西柚说：嗯。可他说，现在他有了努力学习的理由了。

我不屑地说：不会说是因为你吧？这撩妹套路可真够

恶俗的。

西柚默不出声，我终究还是忍不住多问了一句：你喜欢他？

她垂着眼睑，在我以为她大概不会回答了的时候，她抬起头认真地问我：乔夏，你说我学美术好不好?

好。

我说好，因为我知道，对于西柚这话从来不是个疑问句。"乔夏你说我学美术好不好"翻译过来就是"我要学美术，乔夏你是我的好朋友支持我好不好"。

4

打爆了西柚的电话还是显示无人接听后，我直接拿了车钥匙，拎着个巨大无比的熊，开着摩托车一路跌跌撞撞地开到她住的小区楼下，停车爬楼一气呵成，然后疯子一样地砸门发出和雪姨一样的呐喊：你开门啊！你不接手机你开门啊！

开门的是西柚的隔壁邻居，一个三四十岁的中年妇女，一脸的刻薄相。她话未出口白眼先翻：小姑娘，放着门铃不按，你再这么砸下去我可要告你扰民啊。

我还没来得及顶嘴，西柚家的门猝不及防地打开了，西柚面无表情地站在门后，她对着邻居说：我家门铃坏了不行吗？她砸我家的门用不着你来教训！说完就把我拉进屋里，"砰"的一声关上了门。

很好，简单粗暴。

进了门的我把手里的熊砸向西柚，同样干净利落。

西柚呆愣了几秒，顺手就抄起熊从窗户扔了出去。

你神经病啊。我冲她吼，你知道我费了多大劲儿才给你找回来吗？

谁啊？神经病吧。从楼下传来声音。

西柚走到窗台那，头伸出窗外大声冲底下喊：对啊我就是神经病。喊完后像是耗光了全身的力气瘫倒在沙发旁。我走过去抱住她：想哭就哭吧。

她埋在我的肩头含混不清地说，那我哭完再去道歉。

5

余麦来找西柚的时候我一点儿也不意外，令我意外的是，以前的余麦虽然吊儿郎当成天没正经，对女生还保持着最起码的绅士风度。眼前这个浑身充满戾气来势汹汹质问着西柚的余麦，让我忍不住想要朝着他脸上吐唾沫。

他说：我们已经分手了。从前我送过你的东西你不喜欢就可以扔了，你转送给晓晓是什么意思？

西柚面无表情地看着他：那些东西我确实扔了。

那晓晓……

是我邮寄给柯晓的。我走上前说，我记得你把娃娃送给西柚的时候不是说，你只送给你最喜欢的女生吗？现在分手了，我就好心把这定情信物转寄给你的现任了啊。

他深吸一口气，眼神中透着阴狠，你还跟她说了什么？嗯？

该说的都说了，不该说的也都说了。

余麦伸向我的拳头没有如期落到我身上，西柚抓住他的手腕，吐出来的声音冷得可以结成冰。她说，余麦你今天要是敢动乔夏一根手指头，我就让你偿命。

我从没见过那样的西柚，过去的岁月里，西柚有柔软的长发，乖顺的眉眼，温柔的笑容，这样美好的女孩儿为了我对着一个身强力壮的男生威胁道：你敢动她，我就让你偿命。

那样豁出一切的勇气，让我有点儿想哭。

后来我问她：你就不怕啊？

当时只觉得胸腔里的怒火都要爆炸了，我怎么就看上了这么个人渣。事后越想越怕。唉管他呢，反正他被我的气场给唬住了嘛。哈哈哈。

6

2013年的第一场雪，我吃到了人生中第一根哈根达斯。

西柚问我：好吃吗？

余
生
很
长
，
何
必
慌
张

185

我点头，满嘴都是头皮屑的味道。

西柚笑着用手打我，乔夏我把那么长的头发卖掉给你换哈根达斯，你还这么恶心我。

我看着西柚的齐耳短发，不无遗憾地摇头，变丑了。随即又正色道，西柚，恋爱不是举行奥运会，结束了还得有个闭幕式，当你真正放下了，剪不剪头发其实根本无所谓。

西柚看着我的眼睛沉默了一会儿，然后轻轻抱住我，谢谢，谢谢你。乔夏，我知道，我都知道。以前他带给我的笑，如今我都用泪水去偿还了。我因为这该死的头发认识他，从哪儿开始我就从哪儿结束。接下来，有更重要的事需要我去做，你也是。

路边的音像店应景地传来梁咏琪的《短发》：我已剪短我的发，剪断了牵挂，剪一地不被爱的分岔……我已剪短我的发，剪断了惩罚，剪一地伤透我的尴尬。

那是2013年的第一场雪，西柚心中郁结的哀愁伴随着哈根达斯冒出的冷气，在轻轻地蒸发，消弭在那个寒冷的冬天里。

度过那个漫长的冬季之后，我们迎来了高三的最后阶段。

7

百日誓师会上，校长在大礼堂的舞台上发表着慷慨激昂的演说，底下一群没见过世面的乌合之众被鼓动得热血沸腾，有些人将之录成视频上传到空间，学姐学长在底下评论：蒋校长真是一点儿也没变，演讲的内容也是一点儿都没变。

看到评论的我们觉得，蒋校长实在是太不走心了。

然而，高考并不是军事意义上的战场，除了勇气和决心，更需要的是冷静和沉淀。心中的信念远远比誓师会上的豪言壮语要重要得多。

白色的试卷，黑色的签字笔，犹如黑白双煞一般牢牢扼住命运的喉咙，它既是漂浮在高考这条洪流中的积木，又是游离于午夜梦回的幽灵。也正是在这样的忙碌之中，西柚再也无暇提及余麦，无论是爱情带来的伤痛，还是友情中的羁绊，在通往梦想的路上统统要为高考让步。从写下大致解题思路到完善每个解题步骤，从匆匆浏览课文到仔细琢磨每个虚词的用法，从追求单词正确到用高级词汇替换简单词汇……那种学到精通透彻，只追求细枝末节的感觉，之后再也没有了。

8

2013年的夏天，我迎来了十九年生命中的第一次高考。也正是那一年，我们认识了葛军，这个曾经是几万江苏考生噩梦的人，这一次他把魔爪伸向了江苏的近邻——安徽。

考完数学后，所有人都体会到了什么叫作绝望。

时隔几年，当年考场上的一切我都历历在目。因为在连蒙带猜填完选择题后我就基本没什么事儿可干了，后面的大题甚至是被平时老师认为是送分的概率题，我都没有把握自己做出来的结果就是正确的。

没有送分题，全是送命题。

我陷入了极度的恐慌，恐慌之后就是绝望，而绝望之后就是破罐子破摔了。我来回翻看试卷确定确实没有我会做的题了之后，我就开始侦察敌情，东张西望的我和左顾右盼的他眼神无意碰撞时，我们相视苦笑，素不相识，却惺惺相惜。

在周围人都在怨声载道地诉说着自己考得有多烂的同时，彼此心里又多了些安慰和底气。

西柚说，她不在乎，反正她艺考已经通过多所名校了，文化课分数要求并不高。我知道，西柚这话是说给那些素来瞧不上艺考生的人听的，大多数人认为她不过是为了追随余麦一时冲动学的美术，在否定了她努力的同时，也主观上否决了西柚的艺术天赋。

人群中，我故作轻松地说，我也不在乎。

除了配合西柚外，我说不在乎还有个重要原因就是：即使试卷简单我也不见得就能考好。

9

说不在乎的西柚顺利被中央美术学院录取，同样说不在乎的我，却落了榜。数学发挥的相当正常（我正常的水平就是经常不及格），文综却是创造了有史以来最低的一次。我深深感受到了什么叫屋漏偏逢连夜雨，什么叫上帝给你关上一扇门的同时还用门夹一下你的脑袋。

别人被门夹了脑袋都会揉揉头上的包，从此敬而远之。而被夹了脑袋的我却企图一头把门撞开。我选择了复读。

所谓复读不过是顶着更大的压力重复一遍高三的生活罢了。而彼时，西柚在北京开始了她的大学生活。

2014年的冬天，我剪掉了头发，可我的头发没有当年西柚的长，也没有她的发质好，卖掉的头发只换了两根布丁。

西柚说，是不是中国人都喜欢从"头"开始？

我回答，不知道，反正我剪了是因为学校总停水。

余生很长，何必慌张

〈〈〈

西柚又说，说得好像剪短了就能不洗头了似的。

我又回答，那我就可以个把月洗一次了啊。

乔夏你又恶心我。西柚一边叫嚣着一边满足地舔着冒着冷气的布丁。

10

那个没有西柚，也没有空调西瓜Wi-Fi的夏天终究是过去了。

九月份，北京机场，西柚远远地挥着一只手冲我笑，另一只手挽着旁边男生的手臂。

西柚介绍说，这是乔南。

乔南笑，欢迎你来北京。

Tomorrow is another day.

余生很长，何必慌张

M君颜

1

我的高考分数刚刚达到A大往年的录取线，按照班主任的说法，这样的分数很危险。可是填志愿的时候我就像疯了一样，第一志愿填了A大，不服从调剂。

几乎没有意外，我被退档，被分去了一个不入流的学校。

我把自己关在房间里整整一天，坐在书桌前，明明想思考一些什么，可是到最后脑子里一团乱麻什么都没有。我呆滞地看着房间里的光线从明亮变得昏暗，夜晚彻底到来的那一刻我终于忍不住掩面大哭。

实在是不甘心，我曾憧憬了那么久的地方，还有那幻想了许久的未来，它都不会有了。

和一群狐朋狗友狂欢回来的傅小南怀着怒气踹开了我的房门，面容严肃，开门见山。

"因为江言？"

"什么？"这种没头没脑的质问让我有些迷茫。

"我觉得你不像没有头脑的人。"

我沉默了一会儿，我本来确实是有头脑的，可是万一脑一热我也不知道我会干出什么。傅小南说得没错，因为江言。

这种小心思被一语道破多少会有些尴尬，尤其还是被傅小南。我抓了几根头发假装很认真地看着，"没有，只是我想考而已。"

"那你倒是自信。"

面对傅小南的嘲笑，我不敢反驳。一心想着A大，不服从调剂都只是想报考江言的专业，总觉得会离得更近一点儿。

2

喜欢这种东西总是很奇怪，一点点累积，一点点侵蚀，悄无声息，到最后发觉时早已经深入骨髓。

江言于我，就是这样。

他比我高一级，正面交锋的那一年我高二他高三，吵吵闹闹差不多快要一年，巴不得他赶紧离开。

然而在他离开的那一年里，我对他的思念开始疯长，我安慰自己只是习惯，可是到后来我渐渐发现我没有办法自欺欺人。

傅小南对我的小动作了如指掌，他说我一说谎就喜欢扯头发。他也很是无奈，但是事到如今也只好在A大等我。

我翻了翻白眼，没办法，作为双生子，傅小南这家伙却总是比我聪明，连考上A大也是轻而易举的事。

"要不要我顺便帮你看着江言？"

我的脸颊一热，佯装生气地瞪了他一眼。他满脸深意，不顾我的心情笑着拍了拍我的肩，"好的，我知道了。"

你知道什么啊知道！

3

傅小南开学那天，我已经坐在高四的教室听着新班主任的语重心长，严肃沉重的氛围让所有人都有了一种紧张感。

傅小南给我发来了A大的照片，阳光明媚绿树成荫，教学楼比高中气派了不知多少倍，看来是个很不错的地方。

我笑了笑，把手机塞进抽屉，低头写着试卷，垂下来的头发遮住了差不多半张脸。

开学前一天我剪去了我一头引以为傲的长发，理发的小哥哥一直为我惋惜，可是看着发丝飘落到脚边的那一刻我却觉得无比轻松。

我选择了住校，因为走读和寄宿皆有，所以学校对我们这些住校生的管理并没有那么严格，于是男生进女生宿舍根本不是什么大事。

傅小南有事没事就跑过来看我，有时候一个人，有时候……和江言。

我不知道傅小南和江言胡说了什么，他看我的眼神总是意味深长。

可是，实际上，我并不想江言看到我现在的样子。

江言第一次过来的时候，我正坐在初冬奢侈的暖阳底下，费力地搓着囤了一个星期的衣服。

傅小南踢了踢我的盆，居高临下地看着我，这让我很是恼火。

紧接着余光似乎瞟到一个熟悉的身影，以为是错觉，于是我又忍不住看了一眼。怒火中烧，我端起一盆水就冲傅小南招呼了过去，毫无形象地大叫起来。

"你们都给我滚！"

4

江言跟之前一点儿都不一样了，本来就长得不错，再加上大学这么个美容院，现在倒是人模狗样的。

我想起了当初我拍着胸脯对他承诺时的信誓旦旦，可是现在我却是这样的处境。与其说不想见江言，不如说不敢见，只是我向来要强这点情绪自然不可能在他面前展露。

这种时候需要伪装。

傅小南脸色阴郁地擦着脸上和身上的水，我抱着肩厌恶地看着江言。

"你来干什么，看我笑话？"

"不是。"

他简单地立在一边，对我的厌恶视而不见。

我低头假装撩头发，实际上是被他背后突然浮现的光环晃了眼。我的目光移向那盆洗了一半的衣服，似乎它也在嘲笑我。

"那你吃饱撑的吗？"

"可能吧。"

这回答实在是出乎意料，但是江言却是这样回答了。他直视着我的目光，嘴角弯弯，我突然慌张起来，心跳得极快。

最后我以身体抱恙为由赶走了傅小南，并恶狠狠地扬言如果下次再带着江言过来我打断他的腿。

只是我忘了江言自己也是有腿的，跑过来的次数竟然比谁都勤，甚至偶尔还会带点东西慰问我，还都是我喜欢吃的。

"我最近很忙，没工夫理你。"实在是忍无可忍，我面带微笑，咬牙切齿地委婉地表达了我的拒绝之意。

江言依旧是笑："没事，你不用管我，我看看就走。"

我没出息地嚼着他给我带的巧克力，闷闷地低着头道："你到底什么意思？"

"你不知道吗？"

他这一句反问让我乱了分寸，我该知道什么？他什么都没有对我说过，哪怕是一点儿关于喜欢的词汇。

我把剩下的巧克力揣进了口袋，起身皱着眉看他，语气里不禁带上了埋怨："我只知道你在影响我学习！"

江言抬着头看我，抿着唇沉默了一会儿，突然扑哧一声笑了起来："好，我知道了。"

我在他那个笑里落荒而逃，不是这家伙疯了就是我疯了。

口袋里的巧克力化了一手，在水龙头下，我使劲儿地搓着自己的手指，告诉自己不能胡思乱想。

5

江言没有再来过，例行探望的人变成了傅小南。

我总是忍不住想其中的原因，然后我就自己给了自己一巴掌，关我屁事。

百日誓师大会那一晚，我很没出息地给傅小南打了个电话。

一开口连声音都是颤抖的，我是真的在害怕。

傅小南在那头沉默了几秒钟，他说你来A大，我带你散散心。

傅小南说他们学校的樱花快开了，据说特别好看。

说实话我一直没有机会去傅小南的学校，被他这么一说突然有些心动。于是樱花开放的时候，我以拙劣的理由请了几天假在一干人羡慕的眼神里跑了。

只是到了地方我就失望了，来来往往的全是人。

我舔了舔有些干裂的唇，强烈要求傅小南赔偿我的时间以及精力，简而言之就是带我逛和吃。可是傅小南这个出门不带钱的娃让我十分心累，他回去取钱，于是我便在他的寝室楼底下硬生生地晒了二十分钟的太阳。

然后我就看到了江言。

我急忙背过身去，戴上了卫衣的帽子假装打电话，心虚得不得了。

五分钟后，傅小南终于舍得下楼，在看到我的泪流满面时吓了一跳。

"怎么了怎么了，我就蹲了一会儿厕所的工夫！"

蹲厕所也不提前说一声！我越想越委屈，捂着眼睛哭得上气不接下气："你是不是便秘啊！"

我咬着吸管，目光不知道落在什么地方。傅小南边吃鸡腿边问我到底哭什么，当然回答他的只有我的白眼。

外面的天空很蓝，这才恍然发现我已经很久没有抬头看天了。高四的这个名词压得我差点儿喘不过气来。

"你啊，不要太拼了。"

傅小南又去点了一份冰淇淋递给我，我心情低落地舔了一口，默默地点了点头。

有人从我的桌旁走过，带起了一阵风，不经意地转过头，刚刚好和江言对上了视线。

一个人。

6

很奇怪的是，到最后傅小南不见了，只剩下我和江言。

江言请我看了一场电影，这个时候并没有什么新片，再加上都快中午了，所以整个影院就我们两个人。

我抱着一大桶爆米花坐在江言身边，不知道是谁先主动，指尖相碰的时候，两个人谁也没戳破，就这样搁置着。昏暗暧昧的气氛很适合发生一些事情，可是谁也没有开口。

我偷偷打量着他的侧脸，脑海中又浮现起在傅小南楼下看到的那一幕。

他有女朋友了吗？所以他才一直都没再来看过我？

心中的疑问呼之欲出，可是无数种说辞到了嘴边又咽了下去。

还是不知道的比较好。

电影里突然传来的一声尖叫吸引了我的注意，我转头看过去的时候江言好像说了一句什么，当然回应他的只有我的一脸茫然。

"你刚才说什么？"

他摇了摇头，轻笑了一下。

不停变换的光线打在他的脸上，明明暗暗。我又认真地看了他好一会儿，哦了一声，顺便抽回了自己的手。

电影不出意外的中国式结局，男女主几经波折到底还是在了一起，但是我一点儿欢喜的心思都没有。

起身离开的时候，江言扶了我一把，问道："我给你的信，你看了吗？"

我的思绪断了几秒，记忆中似乎真的有这么一回事，当初他给我的时候随手夹在一本书里，再想起来回去找时书却不见了。

我小心翼翼地观察他的神色，江言见我这样也大概知道了答案。

"算了，不用看了。"他低着眉，还是那样淡淡勾着的唇。

我呆滞地点着头，潜意识里觉得我不应该看到那封信。

7

傅小南说我变了很多，变得瞻前顾后，以前那个风风火火的尚小北不见了。

我摘下眼镜捏了捏眉心，一脚踹了过去，"我能怎么办，我也很绝望啊。"

"你现在做这些的目的是什么？"

"活成一些人想要的模样吧。"

"每个人都是为自己活着的，你自己喜欢就好。"

傅小南头一次这么正经地跟我说话，竟然有些不适应。

突然觉得累了，我这么做到底为了什么呢？那个时候不上A大还有别的学校在等我。我本是一个自尊心极强的人，却会坐在高四的教室顶着一些人奇奇怪怪的目光。

我双手抱着头，心烦得不得了，我突然不明白我在做什么了，考上了A大又能怎么样呢？

傅小南满脸的嫌弃，说我似乎忘记了自己的初心。

"初心，是为了江言。可是我觉得没必要了。"

我揾着眼睛觉得下一秒就会哭了，我实在是不知道我还有没有必要再坚持下去。

傅小南递给我一本书，说里面可能有我想要的东西。

我疑惑地翻开了几页，一封信掉到了脚边。

江言的。

原来那天我把书随手放到了桌上，傅小南也就随手拿走了，看到了信，本来想着还给我，可是他那个破记性就这么一直忘记了。

一拖就是一年多。

8

不论过多久，傅小南都觉得那是我哭得最凄惨的一次。还拿着信，眼泪却像断了线的珠子一样落了下来，不知是悲是喜。

江言写的是我等你，可是他现在却告诉我不用看了。

他不会再等我了。

"傅小南，我是不是做错了？"

如果当初我没有那么口是心非，如果我早点意识到我对江言的喜欢，我是不是就不会失去他了？

傅小南还以为我是被感动哭了，一边给我拍背一边表达他的感想。说什么我什么都没错，错的是他，没有早一点儿把信给我。

一听就知道他看了信的内容，可是我已经没有心思追究了。我咬牙切齿地给了傅小南一记扫堂腿，把他赶了出去。

我把信扔进了垃圾桶，我想，所谓的初心，大概要放一放了。

毕竟没有谁会一直等着谁。

9

最后的结果，我没有去A大，选了一个和A大相距甚远的城市。

傅小南看我的眼神就像看疯子一样。

临走前一天，他靠在门边看着我收拾行李，不停地抱怨，问我是不是脑袋被门夹了跑那么远。

"可能我和A大注定有缘无分。"我故作淡然地笑了笑。

"江言你不管了？"

我愣了一下，低声反驳道："有他什么事？对了，明天真的不送我？"

"好走不送！"傅小南面色一沉，一摔门走了，留下我一个人莫名其妙地站在原地。

我低头看了看收拾了一半的行李箱，揉了揉眼睛。江言和我没关系啊，他是别人的啊。

"我今天来没有别的意思，我只是想问清楚一些事。"江言拦在我面前，没有往日笑意清浅，罕见的一脸严肃，"这封情书还算不算数？"

傅小南说不送我就真的不送，我一个人孤零零地拖着行李箱在路边等车。远远看到江言走过来扭头就准备逃走，当然没走成。

信封上龙飞凤舞的字迹一时间晃到了我的眼睛，眼睛涩涩地疼了起来。

不过是那时一个玩笑，他竟然会留到现在。

"你想说什么？"

"尚小北，我喜欢你。"

我不敢相信地抬起头，阳光从斜里照射在他的额头上，让他的刘海儿看起来非常柔软，我的心忽然也变得非常柔软。

我张了张嘴，却发现发不出任何音节。

江言又向前走了几步，俯下身想看差不多要把头埋到衣服里的我的表情，问道："明年的情人节愿不愿意和我一起过？"

可是我怎么能给他看我现在的样子呢，我咬着唇推开他。他以为我在拒绝，他的声音终于手足无措起来。

"不愿意也没事，还有下一个。"

我的嘴唇开始颤抖，连说话都艰难起来。

"我……我啊，当然愿意。"

下一个，下下一个，以后的每一个，一直都是愿意的啊。

10

直到江言跟着我进了车站，坐上了同一辆车，我才惊觉似乎哪里有些不对。

大概是傅小南这家伙早就和他串通好了，也难怪他会这么放心让我一个人去报到。

江言说其实他从很早就认识我。

我埋怨他会影响我学习他便让傅小南来看我。他在傅小南楼下看到我就急匆匆地抛下了那个对他纠缠许久的女生。他说的我喜欢你被湮没在那一声尖叫里。他让我不要看那封信实际上是有些生气了。他觉得既然互相喜欢也就没有所谓的等或不等，余生很长，我们总是要在一起的。

所以说，差一点儿就花开两朵，天各一方。

"江言，我也喜欢你。"

窗外的景色飞逝，列车前进的方向是我不知道的未来，只是生命里从此多了一个人。

念念不忘，徒留悲伤

林舒蓝

花瓣飞扬，点缀少年简单的衣裳

那年初夏，车水马龙的街道绿树成荫。周嘉南搬着夺人耳目的架子鼓小心翼翼来到一家小巧精致的店前，清晨日光洒落，鼓架闪烁起星星点点的光芒。

听到动静，小店的门伴着叮叮咚咚风铃声打开，优燃探出身，狠狠地送给了周嘉南一个大白眼，又果断地关上门。

围观的人唏嘘不已，周嘉南镇定自若、字正腔圆地吆喝起来，"免费听歌，无偿卖花，今天花店里卖出一百盆花，我就做件超越自我的事情。"

接着就旁若无人地唱起了歌，香樟树的清香肆意弥漫在暖风里，不知名的花瓣飞扬，点缀了少年简单的衣裳。

花 房 姑 娘

周嘉南是在一个月前遇见优燃的。那天下午，街上人烟寥寥，周嘉南抬眼看到班主任骑着自行车拐弯迎面骑来，转身闪进了旁边的一家小店。

小店里吵吵闹闹的，这个点却没什么客人，周嘉南屏住呼吸看到班主任悠然自得哼着走调的老歌迎风而过，大喘了一口气，转身就迎上了优燃红通通的眼睛。

再扩大一点儿视角，优燃的手伸得笔直，优妈一把戒尺在手，人又"啪"的一声，优燃就又气呼呼地咬牙切齿瞪了她一眼。

周嘉南心觉好笑，明明自己什么都没做，但还是很好心地打岔，"阿姨，我想买盆花。"

优妈被店里突如其来的声音吓得一抖，尺子欢天喜地落在了地上，优燃感激地望了他一眼，兴冲冲凑过去，"你要买哪盆？净化空气用的还是美观，我们这里什么品种都有，现在人少，还能教你怎么种，特别划算。"

"呃……"周嘉南犹豫了一下，看了眼四周都长一个模样的绿色，伸手指了指最近的一盆，"就这个茼蒿好了，带回家还能让我妈包饺子吃。"

优燃扑哧一声笑了，脱口而出一句："你是不是傻？”

　　眼看优妈又瞪起了眼，周嘉南飞快地扔下几张钞票抓起那盆"蒿蒿"和优燃的手腕夺门而出。

　　优妈追出来几步就放弃了，周嘉南和优燃坐在路口的石凳上大喘气，太阳照得石凳微微发烫，优燃一转身，就看到周嘉南侧脸上生动的酒窝，她最喜欢这种甜甜的东西了，小时候外婆就总是说用酒窝酿酒的童话，可惜这么好看的东西她没有。

　　优燃看得入神，周嘉南猛地转过头，两个人大眼瞪小眼，半晌，周嘉南好奇地问，"你妈为什么打你啊？"

　　"还不是卖不出去花，"优燃嘟着嘴低下头，随即又甩给周嘉南一个白眼，"哪壶不开提哪壶，不知道尊重女生？"

　　"你妈让你卖花？卖不出去还打你？不行，这是家庭暴力，"周嘉南急了，直接跳过优燃的抱怨，"走，我们去派出所吧。"

　　"派你个头啦，"优燃拍了周嘉南一下，"你弄错了，我妈说我既然考不好，以后迟早要回家卖花，干脆让我练手一个星期，一天三盆，少卖一盆打一下。真是最毒妇人心啊，说好了成绩差不打我，现在变着法儿……"优燃哭丧着脸，说了一半停住了，瞪着周嘉南，"凭什么第一次见，我就要告诉你那么多秘密啊，我亏大了我。不行，你明天再来买几盆花，我去看店了。"

周嘉南望着优燃的变脸哭笑不得，优燃又突然转身冲他喊，"你手里的那是文竹，没文化真可怕，你逃课了吧？"

周嘉南看着优燃飘飘然离去的背影，嘴角勾起了一抹笑，目光像焦距，心里响起"咔嚓"一声快门的声响，画面长久地定格，好像为后来埋下伏笔。

我无法逃脱花的迷香

转天周嘉南就轻车熟路来到了花店，很多遍都是在他脑海中走过的，不想隔着玻璃门，看到优燃正在和一个有些面熟的男生在一张不大的方桌上写作业，周嘉南的心突然跳得有些猛烈。

他还是第一次见到优燃明眸善睐的模样，他想了又想，终于隐约记起校联篮球赛的时候，那个叫陈欧的男生是邻班的守门。想起这一幕，周嘉南刹那间回忆起那天陈欧他们班以二十分的差距惨烈地输给了他们，有个女生挥舞着手中的矿泉水瓶冲到赛场打抱不平，口中念念有词，"不过是那么一丁点儿的差距，你们有什么好神气的。"

周嘉南和队友们像看猴子一样看着那个女生，直到她被陈欧揪着领子拉走，现在想来，应该就是优燃。

"喂，你来买花？钱拿来。"周嘉南愣神的时候，优燃像只古灵精怪的小狐狸一把推开门，差点撞到他的鼻子，他望了一眼横眉冷对的优燃，把口袋里的钱递给她，眼睁睁看着优燃抱给他三盆蔫头耷脑酷似野草的花来。

转眼间，店里的陈欧已经收拾好了书包，敲敲优燃的头，"既然你有生意，那我先回去了。"没等优燃回应，他已经脚下踩风溜之大吉。

"都怪你，我作业都写不完了，"优燃气急败坏地抓过钱，头也不回，"好走不送。"

周嘉南笑了，自己每次都那么倒霉，撞在她的枪口上，又一点儿生不起气来，还想着帮她补救。

"不就是几道题吗，我来。"周嘉南坐在桌前，迎上优燃不信任的目光。"你行吗？天天逃课。"

"你自己选吧，我帮你做或者你自己写。"周嘉南突然来了脾气，他什么时候受过这种待遇，作为年级前十，逃课完全是因为高三前的补习都是他去年就学会的。

优燃心不在焉地望着窗外，迷迷糊糊抄完了所有答案，不知恩图报地收好书包，皱着眉把周嘉南推出了店门，"快走快走，要是错得多我找你算账啊。"

周嘉南无可奈何地站在花店的拐角处，初夏蔷薇凋落了几许，乱红乘风而去，心里漾起别扭的情绪。周嘉南认为自己是个还算理智的人，直到这个即将高三的假期，才发现自己的心好像乱了半拍。

可惜让他小鹿乱撞的人不领情，他也没办法。

周嘉南离开后，优燃转转亮晶晶的眼睛，掏出手机拍

余生很长，何必慌张

了今天的作业，给陈欧发去了一条短信，"喂喂喂，看到没有，我学会自力更生了。"

原本希望得到表扬的优燃在手机叮咚进了条短信后，颓丧地坐在地上，屏幕上赫然几个字，"我就说你自己一定行，正好明天开始我有事，不跟你一起做题了。"

优燃气呼呼地守着花店，尽管店里香气四溢，心里被不甘充斥。

用优妈的话说，优燃除了学习外做什么都机灵，思忖良久，她本着心情不好就任性一次的自我原谅，给周嘉南打了个电话，"喂，你能来陪陪我吗？我想吃小吃街上的烧烤。"

优燃做好花店的结束工作，锁好店，一蹦一跳跟着周嘉南上街，烧烤很美味，烟雾缭绕中，优燃觉得今天的周嘉南格外好看，要是没有陈欧就好了，青梅竹马，一双璧人，她仍旧做着这样天真的少女梦。

我们是否迷失过方向

有句很流行的话怎么说的来着？我们去周游世界吧，我带着你，你带着钱。原本调侃的一关系链，被改编了从优燃口中说出，周嘉南觉得心里生涩无比。

谁也不会想到陈欧会在高考临近时做这种事，周嘉南再不想骂人，也觉得优燃的眼光有问题，陈欧实在是缺根筋。

不过优燃说完自己的想法后，周嘉南很忧郁地发觉自己也有错的时候，优燃竟然想为陈欧顶替罪名，更傻。

事情是这样的，一般来说高一的学生打打架、考试作弊什么的，老师都会管得特别严，但即使被抓住定了处分也没关系，一两年等到毕业时，处分就消除了，但关键问题就在于，处分要一年以上才能消除。

而陈欧那个缺心眼，他在监考老师的水杯里撒了粉笔灰，最让周嘉南不能理解的是，老大不小的人，原因居然是两个男生觉得好玩。

不是因为考试作弊被收了手机叫了家长才报复放的粉笔灰，而是看到老师的水杯放在那里，突发奇想如果撒了一点儿粉笔灰会怎么样，只是撒一点儿也没关系，偏偏还洒到了杯沿上。

那个老师好像有被迫害妄想症一样，尖着嗓子当即叫了起来，"谁往我的杯子里撒了泻药？"

粉笔灰上升到泻药，又不是一个层次的问题了。和陈欧同分在一个考场的周嘉南目瞪口呆地望着百口莫辩的陈欧被别人指认出，又被那个女老师揪了出去，更可笑的是，指认陈欧的就是在两门考试间的空隙磨粉笔灰磨得不亦乐乎的那个家伙。

周嘉南很想站起来说实话，但想想还是坐了下去，他再伟大，也做不出让自己变成告状小人而去维护优燃喜欢

余生很长，何必慌张

》》》

211

的少年的事情。

此时优燃和周嘉南已经很熟络了，优燃苦闷的卖花生涯早已结束，常常一放学两人就跑去烧烤摊或是奶茶店，就着食物的香气完成当天的作业，没有人跨出一步，优燃对陈欧也绝口不提。

只是这次，她正巧没有忍住。

优燃对着正津津有味吃烧烤的周嘉南说，"陈欧一直不愿意承认，摄像头又正好没开，他是要考名牌学校的，不能背处分，我能上个二三流的就不错了，所以我准备……"说到这里优燃顿了一下，"周嘉南，你认真听好吗？我想要你等会儿陪我去学校找校长，把事情揽在我身上，就说那个男生一直嫉妒陈欧，才故意污蔑他，我中间去你们考场串门，你来证明我做的。"

"你傻吗？"周嘉南一口肉差点喷了出来，"这样的话校长会信吗？"

"不会真的信，"优燃笑了，"但是现在是为了整顿校风，没人会在意真正的罪魁祸首是谁，校长巴不得是我，陈欧是高考完学校要贴大榜的人。"

周嘉南愣住了，优燃的心思果然不在学习上，不然这么明确清晰的思路，和他考上一个大学也绰绰有余，但他绝不同意。

"那你自己去吧。"周嘉南冷冷地说。

"我不敢，你陪我去吧，顺便帮我证明一下。"优燃可怜兮兮地望着周嘉南，小巴儿狗一样，和她平日里对周嘉南指手画脚的模样截然相反。

周嘉南真的受不了了，"你是白痴吗？要去你自己去，你知道我喜欢你，但喜欢又怎么样？我不是牺牲品，优燃，我还没大度到可以听着你为另外的男生找我帮忙，我能得到什么呢？"

话一出口，周嘉南和优燃都愣住了。

优燃低下头，厚厚的刘海儿盖下来，却根本挡不住眼里止也止不住的泪水，她不知道自己为什么会哭，就是觉得很难过，特别特别难过，好像被全世界都抛弃了。

优燃独自背着书包走了，初秋的日暮，晚风袭袭，空气中弥漫着花香，优燃没有回学校，而是主动去花店里帮忙，有几个公司要做活动，订购了各种各样的花，忙碌起来，竟觉得心情缓和了许多。

只是门上的风铃不时被吹响，优燃莫名地想起，每个周末人海中的周嘉南，坐在花店门前敲着鼓唱歌，"我独自走过你身旁，并没有话要对你讲，我不敢抬头看着你，噢，脸庞……"

日光倾城，场景好美，优燃想到晚上发生的事情，心里漫开阵阵酸涩，到底是理科班的学霸，每一点付出，都要计算回报，这次之后，两个人大概再也亲昵不起来了。

想是这么想，优燃还是忍不住给周嘉南发去了一条短信，"对不起，我就是想追随着他的脚步，你委屈一点儿陪在我身边好不好。”

过了很久周嘉南都没有回复，优燃删掉了短信，算了，就当和他的相识只是做了一场梦。

你的酒窝酿着我的心事

优燃到底没鼓足独自一人去找校长的勇气，第二天清晨，走下楼就看到周嘉南一如既往地站在那里，他们心照不宣对之前的事只字不提。

周嘉南仍旧对优燃照顾得无微不至，两个人在学校外几乎形影不离，但他从来不提喜欢这个词。

哥们儿问他怎么如此淡定，周嘉南翻着单词本，淡淡地说，“不会发生的事就不要提，不然只会适得其反。”

“周大少，我还是第一次看到你这么厉害的人自卑。你就不相信不死缠烂打不能抱得美人归？”对于哥们儿的玩世不恭，他一本书直接砸了过去。

哥们儿“啊”的一声惨叫，周嘉南收拾好书像往常一样去优燃班级的门口，其实他也纳闷儿，天不怕地不怕的他，为什么站在优燃面前就即刻没有了一点儿脾气。

不过这样也挺好，周嘉南想，以后优燃报了哪所学校，他就报那个城市最好的，不能委曲求全与她并肩，就一直在前方为她披荆斩棘领着她勇往直前。

可惜当周嘉南在一片喧嚣中看到正纠缠不清的优燃和

陈欧时，只觉得心灰意冷。

听不清两人在争吵什么，在他面前那么高高在上的优燃红着一双兔子似的眼睛瞪着陈欧，想也不用想这个没心没肺的姑娘又在说什么。

周嘉南抬腿想走，周围不知道哪个爱闹事的喊了一句，"周嘉南来了，有好戏看了。"

一时间所有人的目光凝聚在他身上，他抬起的腿又收了回来，站在那里进退两难。

陈欧不屑地笑了一下，周嘉南心里突然怒火中烧，特别是看到哭得梨花带雨的优燃，他也不知道自己在生谁的气，就是单纯地想狠狠地给陈欧一拳。

陈欧挡住周嘉南，低低地说："替我挡罪的滋味不错吧。"

周嘉南愣了一下，陈欧拍了拍他的后背，"还疼吗？"转身潇洒地离开。

没有人听清他们说了什么，这当然除了站在旁边的优燃，周嘉南和她对视了一眼，转身大步流星地走开。

优燃紧追不舍，气喘吁吁地问，"你是不是把陈欧的事揽到自己身上了？"

周嘉南不理睬，优燃不甘心地死死揪住他的衣角，周嘉南转身，看到优燃倔强的誓不罢休的表情，"你告诉我是不是？"

"是又怎么样？"周嘉南不知道该用怎样的语气回答

她。

"你傻吗？"优燃惊愕地瞪着他。

"我再傻，也跟你无关了。"这次周嘉南离开得头也不回，优燃没有追上来。

整整十天，没有短信也没有交集，周嘉南听说优燃在躲着他，有时明明看到她蹦蹦跳跳的迎面走来，看到他，又像一只惊慌失措的兔子瞬间消失在人群中。

季节变迁如仓促的容颜，周嘉南转身投入了迎战高考的状态里，想到之前自己的想法，他微微笑了，觉得自己有时也挺傻的，现在他只想考去很远的地方。

周嘉南不知道，他强迫自己把注意力重回到笔记和试卷上时，窗外有双眼睛正小心翼翼将他带着酒窝的浅笑收藏在心底。

喜欢你是天空下了场大雨

转眼毕业来临，各奔东西。周嘉南高考结束便消失得无影无踪，优燃打探了许多人，听到了各种各样关于他的版本。

考得特别好，直接去国外度假了；考试失利了，不甘心上不了名牌大学，去了不知道哪里的机构准备复读；为了一个女生去了最远的地方上学，为此和家人闹僵，孤身一人去外地打工赚学费……

优燃笑着对每个答案说谢谢，转身失魂落魄地回家，以前她觉得学校挺烦人的，那么小，不同班的人过了三年都成了熟人，可是现在看来，说小也不小。

优燃得到最后一个关于周嘉南的消息，来自于微博热搜榜，那天的话题文艺却让每个人都心酸，简单的一句话，"他做了最傻的事，他们却没有在一起。"

一个叫zy的号评论，"他为了她把她喜欢的男生的处分背了下来，好在家里人脉比较广，去掉了处分，家法处理，只想和她有一个平稳温暖的未来。后来才觉得自己很傻，好在为时不晚。"评论里附着周嘉南笑吟吟的脸，和一个长发的陌生女孩儿。

优燃一遍遍地读着，一会儿哭一会儿笑，反反复复。

当初自己为什么会别扭得要命躲着他呢？大概是以为他要背着处分考不上好的大学，影响一生，而她无以为报，只会拖累他。

其实她不用那么为他着想的，也不用那么自卑，更不用胆怯。阳光向她洒落，只要迎接就足够了啊。

熟悉的带着酒窝的笑容里藏着不知不觉走进自己心里的少年，他们没有在一起，虽然如果当初优燃大胆一些，他们的结局都会被改变。